MÚSICA   CULTURA POP   ESTILO DE VIDA   COMIDA
CRIATIVIDADE & IMPACTO SOCIAL

Outras obras de Nikki Sixx

The Dirt:
confissões da banda de rock mais infame do mundo

Diários da heroína:
um ano na vida de um rock star despedaçado

MEUS PRIMEIROS 21

Como me tornei

NIKKI SIXX

Frank Feranna / Nikki Sixx

Belas Letras

Copyright © 2021 by Nikki Sixx
Publicado conforme acordo com a Hachette Books, um selo da Perseus Books, LLC, subsidiária da Hachette Book Group, Inc., Nova York, Nova York, EUA. Todos os direitos reservados.
Título original: *The First 21 – How I Became Nikki Sixx*

Design de capa: Richard Ljoenes
Copyright da capa © 2021 Hachette Book Group, Inc.
Fotos de capa: Sunset Strip à noite © 1988 by Scott Robinson/*Los Angeles Times*; *flyer* de show da coleção de Max e Sherri Mazursky; Frank Feranna aos 17 ou 18 anos e Frank na véspera de Natal de 1978 © Angie Diehl; disco de vinil © Shutterstock; todas as outras imagens são cortesia do autor.

As fotografias de miolo são cortesia do autor, exceto: no primeiro caderno de imagens, foto de Susie Maddox e Frankie, cortesia de Susan Bond; foto de Ramon e família com Deanna, cortesia de Ramon Rodriguez; fotos em Seattle, cortesia de Richard Van Zandt. Na p. 89, foto de Don, Sharon e Michele, cortesia de Michele Amburgey. No segundo caderno de imagens, a foto de abertura é cortesia de Katie Kastel; foto de Frank Feranna, cartão da biblioteca e crachá, cortesia de Angie Diehl; fotos da terceira página, cortesia de Angie Diehl e Don Adkins; e fotos do London no Starwood, cortesia de Don Adkins. Fotos nas pp. 161, 181 e 190, cortesia de Don Adkins. Foto na p. 217, cortesia de Ryan Dorgan.

Este livro é o resultado de um trabalho feito com muito amor, diversão e gente finice pelas seguintes pessoas:
Gustavo Guertler (publisher), Paulo Alves (tradução), Tatiana Vieira Allegro (edição), Andrea Bruno (preparação), Vivian Miwa Matsushita (revisão), Celso Orlandin Jr. (adaptação de capa e projeto gráfico) e Juliana Rech (diagramação).
Obrigada, amigos.

Nenhuma parte desta publicação pode ser reproduzida, armazenada ou transmitida para fins comerciais sem a permissão do editor. Você não precisa pedir nenhuma autorização, no entanto, para compartilhar pequenos trechos ou reproduções das páginas nas suas redes sociais, para divulgar a capa, nem para contar para seus amigos como este livro é incrível (e como somos modestos).

2022
Todos os direitos desta edição reservados à
Editora Belas Letras Ltda.
Rua Antônio Corsetti, 221 – Bairro Cinquentenário
CEP 95012-080 – Caxias do Sul – RS
www.belasletras.com.br

Dados Internacionais de Catalogação na Fonte (CIP)
Biblioteca Pública Municipal Dr. Demetrio Niederauer
Caxias do Sul, RS

S625   Sixx, Nikki, 1958-
       Meus primeiros 21 : como me tornei Nikki Sixx /
    Nikki Sixx, tradução Paulo Alves. - Caxias do Sul, RS :
    Belas Letras, 2022.
       224 p. il.

    ISBN: 978-65-5537-181-9
    ISBN: 978-65-5537-179-6

    Tradução de: The First 21 : How I Became Nikki Sixx

    1. Músico americano - Biografia. 2. Rock americano.
    3. Hard rock. I. Título. II. Alves, Paulo (trad.).

21/128   CDU 929 Sixx

Catalogação elaborada por Rose Elga Beber, CRB-10/1369

Este livro é para a minha família,
para que vocês possam entender melhor
meu coração, minha dedicação, minha paixão
pela vida e meu amor por vocês.

Sumário

1. Stadium Tour	11
2. Rio Snake	29
3. Só garotos	39
4. Nona e Tom	49
5. Twin Falls	67
6. Jerome	85
7. Farmácia McCleary's	97
8. Seattle	109
9. Adolescência desolada	115
10. *Diamond Dogs*	121

11. De volta à fazenda	129
12. Los Angeles	133
13. "Eruption"	141
14. London chamando	149
15. Spotlight	157
16. Nikki Nine	165
17. Niki Syxx	173
18. Nigel	175
19. Starwood	183
20. Um novo monstro	195
21. Defenda o que é seu	209
Agradecimentos	219

MEUS PRIMEIROS 21

Stadium Tour

Capítulo 1

Primavera em Los Angeles, 20 e poucos graus, e meu agente, Dennis Arfa, tinha me levado para ver um jogo de beisebol. O Dodgers estava na sétima entrada. Dennis devorava seu segundo cachorro-quente como se não houvesse amanhã. Então, naturalmente, no tom mais sarcástico que consegui adotar, perguntei: "Por que *nós* nunca tocamos no Dodger Stadium?".

Trabalho com Dennis há vários anos, e ele, assim como nós, sabe muito bem os lugares onde já tocamos: Budokan, Wembley, Red Rocks, Madison Square Garden. O Mötley Crüe já abriu para os Rolling Stones. Lotamos todos os shows a céu aberto que fizemos e fomos *headliners* em festivais pelo mundo todo. Em Los Angeles, enchemos o Hollywood Bowl e fizemos um show no Staples Center com os ingressos esgotados. Mas o Dodger Stadium? A única vez em que eu tinha pisado no campo foi para dar um arremesso inicial.

"Acho que deve ter sido por causa da sua brilhante ideia de acabar com a banda."

A gente caiu na gargalhada.

"Se algum dia vocês mudarem de ideia, é só me ligar", disse Dennis.

Algumas horas depois, acordei minha esposa.

"Se um dia a banda voltar, vamos tocar no Dodger Stadium."

Courtney já estava acostumada a ser acordada de madrugada. Na maioria das vezes, ela entra na minha onda. Dessa vez, ela disse: "Mas, amor, a banda assinou um contrato".

Isso era verdade. Alguns anos antes, o Mötley Crüe havia assinado um contrato de "fim de turnês" – e Courtney sabe que sou um homem de palavra. Porém, sou também um homem dominado pelas paixões.

"Vou pensar em alguma coisa", falei.

Na época, eu estava trabalhando em *The Dirt*, o filme baseado na biografia do Mötley. O livro tinha sido um grande best-seller, e até então o filme estava ficando melhor do que qualquer um de nós imaginaria. Machine Gun Kelly interpretava Tommy, e Douglas Booth, um ator inglês, tinha assumido o meu papel. Booth dava seu melhor como Nikki Sixx, enquanto o Nikki Sixx de verdade se reunia com a Live Nation, a Apple e o Spotify, ia a estações de rádio e às redes sociais para promover o filme. Eu mostrava cenas e trechos, compartilhava algumas das minhas lembranças pessoais e tocava a música nova que havia escrito.

Na verdade, eu tinha várias músicas novas – ideias bem estruturadas que pareciam superempolgantes. Vinha trabalhando duro com John 5, guitarrista que já tocou com todo mundo, de k.d. lang a Marilyn Manson e Rob Zombie, passando por Sahaj Ticotin, músico que detém o recorde por segurar uma nota por mais tempo do que qualquer outro cantor. Tínhamos gravado uma porção de demos, e toquei algumas delas para Bob Rock, que ajudou a fazer o álbum de maior sucesso do Mötley Crüe, o *Dr. Feelgood*, de 1989. Difícil acreditar que 30 anos haviam se passado. No entanto, quando ouviu as faixas, Bob disse: "Soam como clássicos do Mötley Crüe". A canção que eu tinha escrito para os créditos finais do filme fez Bob se lembrar de "Kickstart My Heart" – um grandíssimo elogio vindo do homem que havia produzido a original.

"Temos as músicas", contei a Courtney.

As canções – a música – é onde tudo começa. Sem a música, não haveria turnês em clubes. Nem em casas de show. Nem em arenas cobertas. Não haveria jatinho particular para nos levar às arenas. Não haveria dinheiro, nem discos de platina para pendurar nas paredes do estúdio. Para o Mötley, não haveria o amor e o ódio e a morte e a destruição que vêm junto com o estilo de vida. Juntando nós quatro, temos 160 anos de lembranças inspiradoras. Se isso fosse um programa do canal VH1, diríamos em uníssono: "Algumas das melhores lembranças da nossa vida! Algumas das piores! E não nos arrependemos da maior parte delas!".

E estaríamos dizendo a verdade. Quando era garoto, eu desenhava bandas nos meus cadernos. Quatro personagens que se complementavam com poderes de super-heróis, um na bateria, um no baixo, um na guitarra e um no vocal. Esses caras sempre tinham um visual legal e as melhores músicas, tocavam bem e as letras tinham algo a dizer. Na minha cabeça, eu estava construindo um novo tipo de monstro.

Aquelas bandas eram o Mötley numa forma embrionária. Tudo o que eu tinha de fazer era me mudar para Los Angeles, aprender a tocar baixo e encontrar outros três músicos que viam o mundo como eu. No fim, foi o que aconteceu. É claro que foi necessária uma tonelada de trabalho duro, e não só o tipo de trabalho que você imaginaria. Além de compor, ensaiar, elaborar nosso visual, definir o cenário no palco e tocar – e tocar e tocar –, havia as exigências e obrigações constantes impostas pela indústria: a divulgação. Entrevistas com jornalistas que tomavam nossa bebida e usavam nossas drogas para então virar as coisas e nos detonar nas revistas. Foram necessários anos de terapia de banda para nos manter juntos e nos lembrar de todos os motivos que tínhamos para seguir em frente.

Porém, eu também tinha minha família para cuidar. Na época, Courtney estava grávida. Nossa filha, Ruby, chegaria em julho.

Turnês não são exatamente a coisa mais fácil de fazer quando há uma criança pequena em casa. Ao longo dos anos, perdi mais datas importantes do que consigo contar. Perdi aniversários. Gostaria de ter ido a algumas reuniões de pais e mestres, mas não dá para pegar um voo saindo do Japão quando o resto da banda está a caminho da Austrália.

Eu não podia culpar Courtney se ela não quisesse que eu fosse. Se ela me pedisse para ficar, eu ficaria. Se ela *não* me pedisse para ficar, eu ficaria magoado. Mas agora que eu tinha levantado o assunto, nós dois sabíamos que eu não pararia de pensar nisso.

"Vocês têm as músicas", admitiu Courtney antes de mergulhar de volta em seus sonhos doces e misteriosos.

"Live Wire", "Looks That Kill", "Shout at the Devil". Somos uma banda de sucesso por causa dos hits. Eles são aquilo que o público deseja e exige. O público é uma grande parte do monstro que criamos e, por mais que adoremos tocar faixas obscuras, covers e músicas que acabamos de compor, damos ao monstro a carne vermelha de que ele precisa.

O material novo é importante. Sem ele, estaríamos estáticos e nos transformaríamos em uma banda cover: Mötley Crüe toca Mötley Crüe.

Porém, continuar a compor hits é igualmente importante. Ainda temos o faro para eles quando aparecem. Somos a mesma banda desde o primeiro dia. Os mesmos quatro caras. Mais velhos e mais inteligentes (e pelo menos não mais esfomeados); mais enxutos, eficientes e 15 mil dias mais sábios do que éramos. Algumas vezes, fomos espertos o suficiente para continuar. Em outras, soubemos quando parar.

Aprendemos uma lição muito cedo. Estávamos em Grass Valley, Nevada, em um programa de rádio. Era nossa primeira vez em uma rádio. No entanto, quando fizemos um encontro com fãs em uma loja, mais tarde naquele dia, ninguém apareceu. Ficamos lá olhando os discos, fingindo fazer compras. Três caras de cabelo preto-azulado e um cara de cabelo descolorido que por acaso estavam comprando uns discos! Algumas horas antes, estávamos tão empolgados. Logo depois, ninguém sabia quem éramos. Não queríamos ser vistos daquele jeito, deslocados, de pés inquietos, desanimados. Quando estávamos saindo da loja, vimos um cabeludo com um visual maneiro. "Ah, outro músico!", pensei.

"E aí, beleza?", eu disse a ele.

"E aí, o que tá rolando?"

"Você tem uma banda? Eu também!"

O cara assentiu.

"Qual é a banda?", perguntei.

"Supertramp."

Eu era fã do Supertramp. Eu amava algumas músicas deles. Porém, antes que eu pudesse fazer outra pergunta, o cara disse aquilo que você geralmente não quer ouvir de uma banda antiga que você adora: "Acabamos de gravar duas faixas novas".

"Ah! Que demais." Eu não estava sendo cínico.

"Pois é", ele disse. "A gente nunca se fala. Vivemos todos em lugares diferentes. Um na Inglaterra, outro na Flórida. Eu moro aqui, então gravamos as faixas individualmente e enviamos para todo mundo."

"Vocês não tocaram juntos?"

"Nunca nem nos vimos. Não falei com eles uma vez sequer."

Caminhamos meio atordoados até a van.

"Vocês têm que prometer que isso nunca vai acontecer com a gente."

"De jeito nenhum, cara. Somos irmãos para a vida toda."

Mas, vejam só, quando gravamos faixas novas para nosso próprio *Greatest Hits*, também não estávamos nos falando. Não estávamos nos falando quando escrevemos *The Dirt*. Cada um trabalhou sozinho em seus capítulos. Só fomos ver o que cada um tinha escrito quando reuniram tudo em um livro.

Isso não teria dado muito certo no palco.

Para nós, tinha se tornado impossível encobrir as rachaduras que começaram a surgir depois de cinco ou dez anos – e, àquela altura, já estávamos na ativa havia vinte.

Quando você é jovem, pode chegar para um show de ressaca com as roupas que usou a semana toda e, de algum modo, estar bonito. Fica bonito de calça apertada, salto alto e ainda tem todo o cabelo. Então, um dia, você acorda e tudo isso exige mais esforço. Musicalmente, você pode ter melhorado, mas fisicamente a coisa fica mais exaustiva. Cair na estrada é exaustivo. Ficar na estrada é exaustivo. No palco, a sensação é a mesma, mas você leva cada vez mais tempo para se recuperar – e lidar com os outros caras pode ser bem irritante.

Para cada banda de rock capaz de superar isso deve haver milhares de outras que fracassam. Talvez não tenhamos fracassado porque éramos equilibrados nos pontos exatos. Mas com certeza houve momentos em que eu não teria apostado na nossa sobrevivência a longo prazo.

Tommy é extremamente determinado, algo inestimável quando estamos em sintonia.

Mick só se importa com suas partes íntimas e seu som. Não quer saber de pirotecnia, fantasias, palco, nada – só quer saber da guitarra. Ele toca tão alto que todos nós estamos com problemas de audição. Mas Mick era assim quando o conhecemos, e é assim até hoje.

Vince é uma metralhadora giratória. Chega com tudo. Faz o que tem que fazer e em geral é absolutamente certeiro. Depois, parte sozinho, como um lobo ou um samurai solitário.

Quase sempre essa soma dá uma unidade funcional. Quando estamos em acordo, somos determinados, apaixonados e muito focados: "*Isso* é quem somos. Isso é o que nascemos para ser. Isso é o que as pessoas querem de nós e isso é o que entregamos". Porém, quando Tommy e eu estamos em desacordo, quando Mick está passivo, Vince desinteressado e eu fico obcecado por alguma coisa que deixa todo mundo louco, é preciso mais do que flores e docinhos para nos colocar na linha.

Historicamente, a comunicação sempre foi um de nossos maiores problemas. No início, eu insistia em ensaiar sets inteiros, tocar de trás para a frente começando pelo bis, depois mais uma vez na ordem, elaborar as intros, desmembrar cada música, refazê-las, desmembrá-las de novo. Era incansável. Para os outros caras, pode ter parecido fútil e redundante, e nós fazíamos isso sete dias por semana. O único jeito de *escapar* desse círculo vicioso de ensaios era conseguir um show, mas o único jeito de conseguir um show era ter músicas novas. Depois, uma vez que tínhamos músicas novas, isso implicava marcar um show no Whisky, no Starwood, no Troubadour, ou tocar ao longo da Costa Oeste. A banda tinha de se esforçar e focar, e meu foco em tempo integral era a banda. Eu era obcecado. Ser obcecado era o único jeito de se tornar grande, de estar pronto, de saber até o osso que poderíamos competir com os figurões. Mas isso não fazia de mim uma pessoa fácil de conviver. Nem sempre sou agradável, e, à medida que fomos envelhecendo, alguns dos caras adotaram uma postura de "Cara, não me diga o que fazer".

Isso é bom. Quando éramos mais jovens, eles só espumavam e me atacavam pelas costas, o que ignorei por dez ou vinte anos, até que tudo veio à tona na terapia de banda.

Na maior parte das vezes, é vida que segue. Outras vezes, saio furioso. Mas aí me lembro de como era a vida antes do Mötley.

De ir sozinho ao Starwood em uma noite punk. Eu chegava de salto, uma banda tipo Fear estava no palco, e alguém gritava na minha cara: "Você é uma bicha!". Ou então alguém cuspia em mim e eu jogava meu copo – não a bebida, o conteúdo, mas o copo mesmo. Abria a testa do cara. Depois, tomava uma surra e era expulso do lugar.

Os outros caras da banda eram do mesmo jeito. Se nos trancassem em uma sala, brigaríamos feito loucos. Vince e Tommy começariam, eu entraria no meio para separá-los e todo mundo acabaria de olho roxo – exceto Mick, que só observaria e balançaria a cabeça. Porém, soltos no mundo, éramos diferentes, uma frente única. Certa vez, depois de uma longa noite de bebedeira, um cara com bigode de Fu Manchu nos ofereceu nitrito de amila. Eu já estava doido demais para experimentar, mas Tommy e Vince experimentaram e imediatamente começaram a brigar. Fui separá-los e, enquanto nos engalfinhávamos, quatro ou cinco caras se aproximaram e disseram: "Ei, que porra vocês estão fazendo?".

Então nos viramos e fomos para cima deles. Depois de darmos uma surra nos caras, Tommy e Vince voltaram a brigar. Quando enfim se cansaram, fomos até o estacionamento e dividimos uma garrafa de Jack.

Esse era o Mötley Crüe quando estávamos nos falando.

Não exatamente a banda mais funcional do mundo, mas funcional o bastante quando necessário. No lançamento do filme *The Dirt*, já estávamos de boa novamente. Setenta e três milhões de pessoas assistiram ao filme. No estúdio, com Bob Rock de volta ao posto de produtor, gravamos aquelas músicas novas – e elas soaram mesmo como músicas do Mötley Crüe de verdade.

Saí dirigindo por Los Angeles, ouvindo-as no *repeat*, à procura de falhas.

Depois de fazer isso por uma semana, decidi: "Essas músicas seguram a onda".

Em seguida, liguei para Tommy.

"Pode revirar os olhos", falei, "mas não parece que tem alguma coisa faltando?"

"Tipo o quê?"

"Tipo uma turnê."

"Mas nós não prometemos que não faríamos turnês?"

"Eu sei. Eu sei."

Demorou um pouco até eu convencê-lo de que, às vezes, uma promessa é feita para ser quebrada. Havia, sim, um jeito de driblar o contrato – mas só se nós quatro concordássemos. Se não estivéssemos todos no mesmo barco, ninguém poderia estar.

"Nikki, a gente falou pra todo mundo que não faria mais turnês", disse Vince.

"Eu sei. Eu sei."

Convencemos Vince a fazer uma reunião. Mick também ficou curioso. Conversamos com nosso empresário, sócio e chefe de gravadora, Allen Kovac, que já tinha dado alguns telefonemas.

Allen Kovac é um gênio. Foi ele que nos ajudou a recuperar nossas fitas máster da Elektra – e, com isso, fez uma baita diferença em toda a indústria. Está com a gente há 27 anos. É também meu empresário pessoal. E, ao longo desses anos todos, só trabalhamos na base do aperto de mão.

Eu confiaria minha vida a ele. Talvez confiaria até minha esposa a ele.

"Se vocês estão falando sério", Allen disse, "a Live Nation está bem interessada, bem mesmo."

Então era hora de falar com Dennis de novo.

"O filme é ótimo", eu disse a ele. "Mas, se de fato sairmos em turnê, teria a mesma energia de antes? Já fizemos um milhão de turnês em arenas e ginásios. Se fôssemos fazer essa, o que seria diferente?"

"A Live Nation não quer uma turnê em arenas. Quer em estádios."

"Isso inclui o Dodger Stadium?"

Dennis riu.

"Sim. Vai dizer que não está grato por ter ido àquele jogo de beisebol?"

Em 2019, pouquíssimas bandas de rock conseguiam lotar um estádio, que dirá sair em turnê só tocando em estádios. U2. Radiohead. Springsteen e a E Street Band, no auge, provavelmente atrairiam o estado de Nova Jersey inteiro, mas será que alcançariam o mesmo número de gente em todo lugar, como fazem Taylor Swift e Beyoncé? Não tenho tanta certeza. Os clubes onde começamos a tocar tinham capacidade para algumas centenas de pessoas. Os teatros, para alguns milhares, e as arenas cobertas mais alguns milhares (o Madison Square Garden é um bom lugar para tocar e acomoda cerca de 20 mil). Em seguida, vieram os shows a céu aberto: de 15 a 30 mil pessoas. Mas os estádios, que começam em torno de 30 mil pessoas e podem até triplicar esse número, sempre foram o Santo Graal.

Era ambicioso. Porém, sempre que escuto que "o rock morreu" ou que "as bandas de rock morreram", isso só me estimula ainda mais. A tecnologia tem seu espaço, mas não gosto de rock'n'roll feito em notebooks. Não gosto da ideia de arrastar e colar *loops*, trocar esse gancho de lugar ou cortar aquela parte e colocá-la em outro ponto. Quanto mais velho fico, mais quero performances de um único *take*. Quero manter os erros, seguir em frente e ser visceral. Falo o tempo todo para a Courtney: "Quero fazer um disco como o *Led Zeppelin I* ou o primeiro álbum do Aerosmith. Escrever as músicas, ir para uma sala de ensaio de merda, comer pizza de merda, gravar o álbum, mixar e lançar". Não sou do tipo que gosta de ir devagar – para mim, não há nada que soe melhor do que guitarras de verdade, bateria de verdade e baixo de verdade tocando músicas de verdade, com uma história que vai de Chuck Berry e Little Richard a Aerosmith e AC/DC. E já toquei para milhões de pessoas, então sei que milhões de pessoas acreditam na mesma coisa.

Em resumo, só tivemos que fazer umas duas reuniões – mas uma oferta de 100 milhões de dólares pode ser bem convincente.

Os caras do Def Leppard são nossos amigos e foram os primeiros a dizer: "Não precisava nem perguntar. Queremos fazer a turnê com vocês". Depois disso, não pensamos em quem queríamos levar junto como bandas de abertura. Havia muita gente preocupada com o dinheiro. Nosso foco principal era dar uma festa. Uma celebração ao redor do mundo para nós e para os fãs.

Logo de início, convidamos o David Lee Roth.

"Não abro para bandas que influenciei", ele disse.

Balancei a cabeça.

"Cara. Você vai tocar para 80 mil pessoas! Quando foi a última vez que David Lee Roth tocou para 80 mil pessoas?"

Éramos todos grandes fãs do David. Sempre fomos fãs do Van Halen. É óbvio que fomos influenciados por eles – quem não foi? Mas David recusou.

Joan Jett era a próxima da lista. Admirávamos a Joan não só pelas músicas, que adoramos, mas também porque sempre foi muito agradável trabalhar e conviver com ela. Felizmente, ela não se fez de difícil. Agora éramos nós, Joan Jett e o Def Leppard. Depois, o pessoal da pesquisa de marketing disse que precisávamos de mais uma banda daquela época.

A banda que escolheram foi o Poison.

Não ficamos animados. Nós quatro sentíamos que o Mötley estivera lá desde o início. Metallica, Mötley Crüe e U2 – para nós, essas eram as bandas daquela época que vinham à mente. O Guns N' Roses veio depois e também era uma banda difícil de discordar. Porém, havia uma porrada de bandas que não pareciam reais para a gente. Bandas fabricadas pelo pessoal da indústria, que dizia "Precisamos do nosso próprio Mötley Crüe. Precisamos de um vocalista loiro e de três caras parecidos". A mesma coisa aconteceu mais tarde com as bandas alternativas: primeiro vieram Nirvana e Pearl Jam e, depois, muitas bandas que soavam e se pareciam com o Nirvana e o Pearl Jam, mas que eram apenas versões diluídas e peso-pena das originais.

Bem, no fim das contas, estávamos errados. Nossos fãs sabiam o que queriam, e eles queriam Mötley Crüe, Def Leppard, Joan Jett e Poison – e, já que íamos sair em turnê mais uma vez, que déssemos aos fãs exatamente o que eles queriam: horas e mais horas de hits entregues com musicalidade e atitude, dentro do maior show que já viram.

Com o *line-up* definido, colocamos à venda ingressos para oito shows, que se esgotaram imediatamente. Mais oito shows esgotaram igualmente rápido. *Mais* oito shows – mesma coisa.

Todos pensamos: "Uau, que legal celebrar o filme assim! Que jeito ótimo de sair numa última turnê!".

Com 24 shows marcados e mais em vista, eu sabia que teria que entrar, em tempo integral, no modo de treinamento.

———

Todo mundo que faz música tem sua própria abordagem. Para mim, o modo de treinamento é um monstro com vários tentáculos. Há a parte física, a parte mental, a parte emocional e a parte musical. O design de palco vem em seguida, com conceitos amplos e um panorama de como vai ser o visual de todo o show, o que ele representa, o que todos temos a dizer e por que agora é a hora certa de dizê-lo. Já o condicionamento físico torna todo o resto possível e, para o Mötley, está profundamente interligado ao nosso *setlist*.

Elaboramos cada um em segmentos de cinco minutos. Tecnicamente, algumas das nossas músicas são mais curtas ou um pouco mais longas que isso, o que também deixa um tempo entre uma e outra se algum de nós quiser falar com o público. Na verdade, não podemos usar muito tempo. Num piscar de olhos, passamos do horário permitido, o organizador é multado e a banda é quem paga a conta: de repente, estamos desembolsando 50 mil dólares por ter tocado uma música além do limite de tempo. Em alguns lugares, como na Europa e no Japão, se a banda passa do horário, o público não consegue pegar o metrô ou o trem de volta para casa, e os organizadores de fato desligam a energia. Se você se importa de verdade com as pessoas, não pode simplesmente ficar fazendo *jams*. Então, pensamos em blocos de cinco minutos por música, de acordo com o show que vamos tocar: duas horas se for um show só nosso, 90 minutos se formos os *headliners*. Essas durações também ditam nossos exercícios físicos.

O que faço, desde a época da fita cassete, é imprimir o *setlist* e colocá-lo do lado de onde eu realizo meus treinos. Se a ideia é abrir com "Kickstart My Heart", eu entro com os dois pés na porta. Se a terceira música é "Home Sweet Home", sei que posso desacelerar e começar a caminhar na esteira. Se a próxima é "Wild Side", acelero de novo – mas "Wild Side" tem um *break* lá pela metade, então sei que aí consigo recuperar o fôlego. Em muitas bandas, você olha para o guitarrista na metade do show e o cara está ofegante. Levo em conta a energia necessária para evitar isso nos meus treinos e calculo cada segmento para combinar com as músicas.

Isso dá 90 minutos seguidos de esteira, mais duas horas de musculação. Depois disso, passo mais uma hora e meia sentado com meu baixo para tocar todas as músicas na ordem. No fim, chego a um ponto em que estou preparado para tocar o show inteiro física e mentalmente sem me sentir destruído. Então faço toda a parte musical de pé. Isso é outra coisa que pode dar uma rasteira numa banda. Você se senta e toca e acha que está em boa forma, mas sobe no palco e o mesmo repertório te mata.

Levo o *setlist* comigo por muito tempo, mesmo depois de memorizá-lo. Colo um no espelho do banheiro e um na geladeira – assim, preciso olhar para ele sempre que quero sorvete. Para a turnê em estádios, contratamos personal trainers e uma nutricionista. De repente, todos passamos a atentar para nosso consumo de proteínas, carboidratos e verduras e a registrar as calorias que queimamos.

A nutricionista se certificou de que comíamos o suficiente para fazer os treinos, ao mesmo tempo que mantínhamos um déficit de 500 calorias por dia.

Pode não soar muito sexy, mas, se você quer competir – se quer *permanecer* no ringue com os peixes grandes –, deve fazer o que é preciso.

Em pouco tempo, eu estava todo sarado. Minha resistência estava lá em cima. Mental e emocionalmente, estava abastecido e energizado, e me sentia inspirado sempre que pegava um baixo ou uma guitarra. E, como a minha saúde está diretamente ligada à minha criatividade, eu mal conseguia ir ao mercado para comprar leite sem ter dez novas ideias, e tinha que parar o carro para anotá-las.

Na Final Tour, contamos com 21 caminhões e ônibus que transportaram a gente e o equipamento. Construímos uma montanha-russa para a bateria giratória de Tommy. Montamos o maior show pirotécnico já visto. Acendíamos toda a iluminação no topo do palco e lançávamos chamas *para baixo* enquanto tocávamos. A banda toda ficava coberta de retardante de chamas – um spray transparente aplicado em nosso figurino. Deixávamos extintores a postos a oito metros de distância e baldes cheios de panos encharcados de água caso alguém pegasse fogo. Em turnês anteriores, Tommy já tinha se queimado. Eu também já me queimei mais vezes do que consigo lembrar. Sua mãe já deve ter dito isto a você e eu repito agora: quem brinca com fogo pode se queimar. Porém, sempre adorei brincar com fogo. Quando o Mötley Crüe começou, era simples: eu me cobria de fluido de isqueiro e Vince ateava fogo em mim – sem truques. Para chocar. Algo um pouco mais avançado, que fazíamos desde 1981, era trazer o fio de uma bateria de 9 volts até um pequeno compartimento no salto das minhas botas. Isso acionava chips pirotécnicos – fazendo sair fumaça das botas – e, num clube pequeno, rendia um visual maneiro: "Que porra é essa? As botas do cara estão pegando fogo!".

No entanto, num espaço muito maior, não daria nem para ver.

Para a Final Tour, colocamos um lança-chamas no meu baixo. Pesava 45 quilos e disparava chamas de 9 metros. Eu também podia atear fogo no meu pedestal de microfone, que ficava suspenso por correntes. Essas correntes me permitiam pegar o pedestal e arremessá-lo. Um pedestal de microfone voador em chamas é algo que você consegue ver muito bem até nas últimas fileiras e pensar "Isso é incrível".

Tínhamos acrobatas. Fogos de artifício. Uma grua para mim e outra para Vince. Devíamos tê-la chamado de Turnê Puta Merda – e o design de palco da turnê em estádios teria de superá-la. Como tínhamos chegado ao limite máximo da pirotecnia, eu queria ver se conseguíamos nos superar sem usar pirotecnia alguma.

Robert Long, nosso gerente de produção, está com a gente há muito tempo porque faz o impossível acontecer. Não gosto de ouvir que "não pode ser feito". Para mim, "não pode ser feito" é só um ponto de partida. "Ninguém fez isso antes" – isso não é um desafio para nós, é um fato, e é aí que a tecnologia entra em cena. Para essa turnê, quisemos telões gigantes. Imagens superpoderosas.

"Imaginamos um ambiente pós-apocalíptico, em estilo japonês, com robôs gigantes", falei para Robert.

"OK", disse ele, animado. "Hoje temos projetores retráteis que somem. Vou marcar reuniões com as empresas de laser – sei que vocês já falaram em usar lasers no lugar de fogo, mas vejo um jeito de usar ambos. Se você quiser reconsiderar a noção de 'sem pirotecnia', hoje temos pirotecnia capaz de transformar jatos de chamas em bolas de fogo. Você não acreditaria nos efeitos que conseguimos fazer."

Sou aberto a novas ideias – contanto que elas superem todas as antigas. Estou sempre tentando me superar e superar Tommy, e vice-versa: "Quero ficar de ponta-cabeça. Quero voar sobre o público. Quero fazer alguma coisa que ninguém nunca pensou antes!". Tommy consegue tocar de cabeça para baixo com a mesma força e, enquanto nós dois ficamos nesse cabo de guerra, Mick trabalha para deixar o som de sua guitarra maior e mais alto do que qualquer coisa que já ouvimos. Não tenho de competir com Mick em termos de técnica. Gosto de tocar de um jeito mais simples – um pouco mais punk, um pouco mais marcado, como Cliff Williams, do AC/DC. Tenho uns riffs potentes, mas, na maior parte do tempo, gosto de ficar onde me sinto sexy e sujo. Somos quatro pessoas criando um som que arrebentou com todos os obstáculos colocados em nosso caminho. Ver a gente fazer isso no palco todas as noites faz os fãs se darem conta de que podem fazer o mesmo com quaisquer que sejam os desafios que encontrem. Sei disso porque, quando as luzes se acendem no final da noite, vejo a mudança no rosto deles. Todos nós vemos e carregamos isso conosco até a próxima cidade. É *disso* que se trata o rock'n'roll em sua definição mais básica. É o combustível do Mötley Crüe – e tentamos não menosprezá-lo, embora seja bastante exaustivo também.

Sabíamos que, por causa de nossas famílias, de nossas idades – por causa dos anos que passamos desafiando a sorte de modo físico, químico e cármico –, não nos restavam muitos anos como banda. O que tínhamos era um baita prêmio de consolação: 29 shows em estádios ao longo de três meses que passariam rápido como um foguete. E esse seria apenas o começo da turnê. Nos bastidores, fomos levados a crer que haveria mais cem shows pela frente.

Foi uma boa ideia termos entrado em forma.

Decidimos chamar a turnê de Stadium Tour. A começar pelo Texas, no Alamodome, tocaríamos pelo país inteiro e encerraríamos em Los Angeles, onde faríamos um show no Dia do Trabalho, em setembro, no SoFi Stadium. Nada do Dodger Stadium, como Dennis tinha prometido, mas havia um prêmio de consolação: o SoFi é muito maior.

A Live Nation anunciou as datas em dezembro, o que me dava sete meses para ficar em casa. Pensando à frente, marquei pausas entre os shows para ter mais tempo com a Courtney e as crianças. Nem sempre foi fácil equilibrar as necessidades da minha família e as da banda. Dessa vez, parecia que eu tinha achado a fórmula exata. Continuei a treinar. Pensei em todos os detalhes de maneira que, na estrada, pudéssemos nos concentrar apenas no que faríamos no palco. Amarrei todas as pontas soltas e passei dias colocando os pingos nos is. As semanas voaram, e foi só em fevereiro que, num passeio de carro, ouvi uma notícia no rádio: um vírus estava se espalhando. Era o começo de uma pandemia, o locutor dizia.

Ao final do mês, um estádio de futebol americano com 80 mil fãs aos berros era o último lugar do mundo onde alguém gostaria de estar.

Rio Snake

Capítulo 2

A Divisória Continental da América do Norte passa pelo noroeste do estado do Wyoming, e, logo abaixo do Parque Nacional de Yellowstone, há um corpo d'água chamado Riacho dos Dois Oceanos. No ponto em que o riacho se divide, duas correntes seguem em sentidos opostos, em direção aos dois oceanos que lhes dão nomes.

O riacho Atlântico corre para os rios Yellowstone, Missouri e Mississippi até desembocar no Golfo do México, a quase 5 mil quilômetros da fonte.

O riacho Pacífico corre para o rio Snake, que atravessa o estado do Idaho rumo ao Oregon, onde faz uma curva para o norte e acompanha a fronteira do estado e, depois, para o oeste de novo, rumo a Washington e ao oceano Pacífico.

Uma trilha conduz ao ponto onde as duas correntes divergem. É possível se agachar e colocar as mãos na água fria e inquieta. Vire-as para um lado e aquelas águas fluirão para um dos oceanos. Vire-as um pouquinho mais e as águas vão parar a três fusos horários de distância.

Foi para essa parte do país que nos mudamos quando a covid-19 tirou o mundo dos eixos. Courtney e eu falávamos havia anos de encontrar um novo lar. Procuramos em Nashville, mas Nashville era longe demais. Procuramos em Las Vegas, mas isso foi antes de sabermos que ela estava grávida – Vegas não seria um lugar para criar nossa garotinha. Depois da Stadium Tour, íamos procurar mais uma vez. A turnê então foi adiada, Los Angeles entrou em *lockdown* e a covid-19 transformou a cidade cada vez menos num lugar onde queríamos estar.

Certa manhã, Courtney sussurrou para mim: "Quero que você mantenha a mente aberta".

Geralmente, já bato o pé antes mesmo de ouvir o que vem em seguida. Dessa vez, tudo o que Courtney teve de dizer foi "Wyoming".

Eu soube de imediato que ela estava certa.

O Wyoming tem muito mais vacas do que gente. Localmente, isso não é uma piada, só um fato. Tirando o Alasca, o Wyoming tem a menor densidade demográfica de todos os estados norte-americanos. Só isso já tornava o lugar perfeito numa pandemia. Porém, de qualquer modo, o Wyoming se mostrou perfeito para nós. Entre as cordilheiras Teton e Gros Ventre, o interior é rústico, intocado e mais majestoso do que se pode conceber. Assim que chegamos, comprei uma caminhonete enorme, a diesel. No cartório do condado de Teton, pegaram minha identidade e voltaram com um par de placas que, para mim, parecia o jeito local de dizer "bem-vindo".

"Aposto que você vai gostar dessas", disse o escrevente.

Quando vi o número, gostei mesmo. Era "666".

Alguns dias, eu dava uma passada na loja Ace Hardware ou ia pescar. Embora fosse um estranho, ninguém falava nada do meu cabelo preto como azeviche ou das minhas tatuagens. Eu me esquecia do mundo ao conversar com pessoas de verdade, depois das semanas que tínhamos passado trancados em casa em Los Angeles. Courtney me mandava mensagem algumas horas depois, já de noite: "Onde você está?".

"Pescando."

Quando eu chegava em casa, ela me perguntava: "Com quem você estava pescando? Não faz nem um mês que estamos aqui!".

Bem, eu ia pescar com uns caras que conheci na loja de pesca. Guias de pesca. Eles não se importavam com quem eu era. Só se importavam com o que fisgávamos e em jogar conversa fora entre uma fisgada e outra.

Minha banda já havia passado pelo Wyoming, depois de atravessar Montana, Idaho, Utah, Colorado. Certa vez, fizemos uma turnê chamada Dead of Winter e tivemos de rodar por todo o Canadá no inverno. Foi sinistro e desolado e belíssimo, mas não me lembro de pararmos em lugar nenhum. Uma banda como o Mötley Crüe não pode tocar em cidadezinhas. Por mais que quiséssemos, a conta não fecha. Temos de tocar em lugares onde podemos atrair milhares de pessoas. Nas cidades grandes, pego uma caderneta e uma câmera e procuro os lugares onde estão as pessoas sofridas. As cracolândias. Áreas com alta concentração de usuários de drogas, prostitutas, às vezes membros de gangues. A maioria das pessoas com quem converso me deixa tirar fotos. Ouço as histórias, mergulho no material que depois uso nas minhas canções. Essas são minhas raízes. São lugares onde já estive. É importante permanecer conectado a eles. Mas passei tanto tempo em cidades grandes que demorei para perceber todas as formas como o interior havia permanecido em mim também. O rio Snake, onde eu estava pescando, passa por Twin Falls e Jerome, em Idaho. Uma vida atrás, morei em ambos esses lugares. Meu avô e eu pescávamos salmão e truta prateada no mesmo rio. Caçávamos às margens dele, acampados na beira. Eu tinha me afastado tanto de Idaho, e estivera longe por tanto tempo… Fazia décadas que eu não pensava nisso, mas, agora que olhava para trás de novo, fui pego de surpresa por quão perto tudo parecia.

Talvez eu não tivesse ido tão longe assim, afinal.

NIKKI SIXX

A casa que compramos fica ao lado de uma ravina. Manadas de cervos vêm passear e pastar no declive. Um dia, vou construir um banco ali. Por ora, uma rocha serve. Passo uns dez minutos ali, ou vinte, e me esqueço do mundo até o celular começar a tocar. Quando vou atender, ver minha própria mão me assusta. As tatuagens são familiares, mas a pele não. Está mais fina, mais enrugada, translúcida. Quando arranho as juntas dos dedos, demora mais para sarar. Quando me levanto, meus ossos rangem. Porém, se o telefone não toca, continuo sentado. Ao observar os cervos, me lembro do interior de Idaho e das terras que se estendem muito além do horizonte. De mim mesmo quando garoto.

Aos 13 anos, morando no trailer duplo de meus avós, eu ouvia os discos que meu tio enviava de Los Angeles. Álbuns do Wings, do Sweet, do April Wine e dos Beach Boys. As canções naqueles discos pareciam muito mais vívidas – mais reais – do que qualquer coisa que Jerome tinha para oferecer. A cidade só tinha um semáforo. Um cinema. Um parque do tamanho de um selo de carta onde a molecada "do mal" ia fumar.

Eu não fumava e não bebia. Já tinha visto drogas – até certo ponto, havia crescido perto delas –, mas não desde que minha mãe tinha me mandado embora. Eu era o garoto novo na cidade; no outono, seria o novo garoto na escola mais uma vez. Quando chegava a hora do almoço no refeitório, eu não sabia onde me sentar. Não era Nikki Sixx ainda, e sim Frankie Feranna, e em Idaho não havia muita gente com vogais no final do sobrenome.

Os dias se arrastavam em Jerome. As colheitas cresciam, as vacas davam leite e nada mais acontecia. O mundo que eu ouvia naquelas músicas nos discos do meu tio se movia tão velozmente que eu tinha medo de ser deixado para trás. Toda noite, examinava as fotos, as letras das músicas e o encarte do álbum, à procura de pistas que me levariam até lá mais rapidamente. Porém, na manhã seguinte, acordava e as coisas estavam exatamente do mesmo jeito.

Se eu pudesse voltar no tempo, diria a mim mesmo para pisar no freio – embora eu saiba que não teria ouvido.

P: O que é preciso para que você pare quieto?

R: Mais 50 anos e uma pandemia.

———

Meus filhos mais velhos voaram para o Wyoming. Todos tinham suas próprias vidas e chegaram um a um. Eu os pegava no aeroporto e os levava para fazer trilha ou pescar. Quando já estavam todos aqui, cozinhávamos juntos, jantávamos juntos, assistíamos a filmes juntos. Na Califórnia, costumávamos nos reunir em aniversários e feriados. Agora, porém, ficávamos juntos por semanas a fio. Havia tanto medo e sofrimento nas notícias que esse tempo extra que tivemos pareceu ainda mais valioso.

Naqueles primeiros meses da pandemia, quando nossos relógios internos já haviam meio que pifado de uns jeitos estranhos que não conseguíamos explicar, conversávamos sobre o próprio tempo. Era difícil lembrar para onde tínhamos viajado no verão anterior, mas verões havia muito tempo esquecidos de repente pareciam frescos na memória. De vez em quando, eu me via pegando o telefone para ligar para meus avós. Um ano antes, eu nem sabia o número de cabeça. Agora, por algum motivo, voltava a saber.

Claro, Nona e Tom já não estão mais vivos. Assim como meu pai e minha mãe. O tio Don, que me mandava aqueles discos quando eu morava em Idaho, morreu pouco antes de a pandemia começar. A segunda esposa de Don – Sharon, irmã da minha mãe – se fora também.

Dessas duas gerações, só a outra irmã da minha mãe, Harlene, estava viva. Ela e seu marido, meu tio Bob, eram meus últimos elos com essa parte do passado.

Do outro lado da família, eu não conseguia me lembrar de absolutamente ninguém. Meu meio-irmão Randy. Anos antes, eu tinha conseguido o telefone dele e ligado para perguntar do meu pai. Mas ele já se fora também.

Pensei no que ele me disse: "Nosso pai não foi um homem bom".

Em Los Angeles, Courtney tinha começado a trabalhar na árvore genealógica da nossa família. Encontrou documentos antigos – registros de censos, certidões de óbito – e bateu com fotos que tínhamos ou que conseguimos desenterrar na internet. Juntamos tudo num álbum que planejamos deixar para nossa filha. Mas, mesmo ao lado das fotografias, aqueles fatos e figuras contavam apenas parte da história.

Quem *de fato* foram aquelas pessoas? O que as levou a tomar as decisões que tomaram? Como essas decisões me moldaram? Como elas moldariam meus filhos?

Meu pai abandonou a família. Sempre que eu pensava nele o sangue me subia à cabeça, mesmo quando eu já era bem adulto. Porém, a maior parte do que eu sabia sobre meu pai tinha sido contada pela minha mãe – e minha mãe também nunca foi flor que se cheire.

Nunca perdoei nenhum deles de verdade.

Para eles, isso não importava mais. Mas, surpreendentemente, ainda importava para mim.

Eu julguei meus pais a vida toda – embora eu mesmo tenha tomado um bom tanto de decisões lamentáveis. Detesto dizer e não me orgulho disso, mas passei por dois casamentos e dois divórcios antes de conhecer Courtney. Para todas as pessoas que ficaram na minha vida, tantas outras foram embora. Muitas delas eu cortei friamente. Nunca abandonei meus filhos, nem fiz nenhum deles se sentir mal-amado. Mas qualquer que tenha sido a frieza que meu pai sentiu quando nos abandonou com certeza deve estar dentro de mim também. Será que era importante destrinchá-la e garantir que nunca fosse passada adiante?

Ou foi justamente esse sentimento que nos rendeu todos aqueles discos de ouro e nos comprou essa bela casa no Wyoming?

Quando você cresce com seus pais, olha para si mesmo e pensa "Isso veio da minha mãe; aquilo veio do meu pai". Talvez funcione assim. Talvez não. Talvez a divisão não seja tão clara assim. Para mim, a questão é que eu não tinha como saber. Fui destituído do *direito* de saber – e, ao longo dos anos, isso foi mais uma coisa que me trouxe ressentimentos. No entanto, depois de vários dias no Wyoming com a esposa e os filhos ao seu redor, é difícil se ater a ressentimentos. Aquela parte de você que quer julgar não existe mais.

Porém, ainda resta uma parte um pouco inquieta, que ainda procura respostas, ainda batuca o chão para garantir que você está em terra firme.

———————

Nossa turnê estava suspensa por tempo indeterminado. Ninguém sabia nada do futuro, mas todo mundo pensava em "será": Será que a pandemia vai acabar antes das eleições? Será que ainda vamos cair na estrada? Será que o mundo vai voltar a ser como era?

Eu tinha minhas dúvidas, mas também não sabia de nada. Tinha que agir na base do "será" também. Em dado momento, precisei voltar a Los Angeles para cuidar de todos os detalhes, grandes e pequenos, que não paravam de se acumular.

As vias expressas de LA estavam prazerosamente vazias. Eu já não andava mais de moto havia seis anos, mas teria dado muito dinheiro por uma naquele momento. Em vez disso, abaixei a capota do carro. Adoro estar ao ar livre, sentindo a brisa. Sempre vou ter um conversível, e já dei longos passeios no meu. Ia devagar porque não havia aonde ir. Várias lojas do meu antigo bairro estavam com tábuas nas portas e vitrines. O parque com lago que as criancinhas frequentavam estava vazio. Era como dirigir por um set de filmagem. Eu estava refletindo sobre os 40 anos que haviam se passado desde que formara a banda, pensando em todas as pessoas com quem trabalhara e em tudo o que tínhamos vivido juntos – e sem pensar de jeito nenhum sobre aonde eu estava indo –, até que me vi parado num sinal vermelho a um quarteirão da Calçada da Fama, na esquina do Cahuenga Boulevard com a Selma Avenue.

Era onde a minha banda London ensaiava.

London foi a banda que tive antes do Mötley, e durou muitos anos depois que saí. Slash e Izzy Stradlin passaram por ela. Fred Coury, do Cinderella, e Blackie Lawless, do W.A.S.P., também. Na Sunset Strip, virou uma piada ruim: o London era a banda pela qual você passava antes de se tornar famoso – e todo mundo ficou famoso, menos o London em si.

Lizzie Grey, Dane Rage e eu formamos o London em Hollywood em 1978, depois de sermos expulsos do Sister, a banda de Blackie.

Dane ainda estava na área – mantivemos contato –, embora tenha vendido há muito tempo sua bateria North Drums, que tinha um visual incrível. Mas Lizzie, que tinha sido meu melhor amigo, se foi.

Muitos anos antes, sentados no meu Vega prata naquele cruzamento, a gente conversava sobre meus planos para a banda. Eu queria que fôssemos mais pesados. Ambos adorávamos Mott the Hoople, Bowie e Queen. Mas eu também adorava os Sex Pistols e os Ramones e queria pender cada vez mais para esse lado. Já tinha escrito a maioria das músicas que foram parar no primeiro álbum do Mötley. Então disse a Lizzie que queria conversar e falei que estava saindo da banda.

Lembro que ele chorou. Já havíamos passado por tanta coisa.

"Preciso fazer isso", eu disse a ele. Então formei o Mötley, e Lizzie seguiu com o London.

Antes de eu vê-lo pela última vez, conversamos ao telefone pela primeira vez em anos. Ele me revelou que tinha Parkinson, e nós brincamos sobre todas as coisas que ele não conseguia fazer. Não conseguia mais tocar guitarra e só cantava. Mas, às vezes, disse ele, se esquecia de onde estava enquanto cantava. Simplesmente não sabia.

Embora eu tenha me preparado para nosso encontro, fiquei chocado ao vê-lo, assustado com o que a doença havia feito.

Lizzie morava em Las Vegas – sua esposa o levou de carro com as filhas – e nós nos encontramos num restaurante em Thousand Oaks. Ele devia estar pesando no máximo uns 50 quilos. Levei-o até o banheiro apoiado em meu braço, segurei-o por trás enquanto ele fazia o que tinha de fazer, ajudei-o a subir o zíper da calça e foi a última vez que o vi.

Graças a Allen Kovac, meu conversível é um Rolls-Royce. É branco com couro vermelho – um carro maravilhoso, mas comprei porque foi o maior conversível que encontrei. Se fizessem um Dodge do mesmo tamanho, é o que eu teria comprado. Mas o Rolls era o que eu tinha durante a pandemia e, quando voei do Wyoming de volta para Los Angeles, fui com ele até Thousand Oaks, até o restaurante onde nos encontramos.

Sentado no carro, me lembrei das noites em que dormi em parques. Lembrei de quando conduzi Lizzie para fora do restaurante, apoiado em mim, enquanto sua esposa e suas filhas observavam.

"Por que ele?", pensei.

Às vezes me esqueço de quem sou e pergunto a Allen: "Ei, você acha que poderíamos fazer isso ou aquilo?".

Ele sempre diz a mesma coisa: "Você sabe que é uma celebridade, certo?".

Eu meio que sei e meio que não sei. Digo a ele para calar a boca, porque ainda me vejo como um marginal. Mas sou um marginal que tem um Rolls-Royce.

Por que eu e não Lizzie? Amávamos as mesmas bandas, escrevíamos músicas juntos, tínhamos os mesmos sonhos, mas nossos destinos foram distintos.

"Banda procura baixista. Precisa ter habilidade e equipamento e curtir Aerosmith."

Foi assim que começou. Um anúncio no jornal: guitarrista procura baixista para formar uma banda. Sei como terminou e estive presente em tudo o que aconteceu no meio. Porém, quando voltei para o Wyoming, fui até a ravina onde passeavam os cervos, me sentei na minha rocha e lá fiquei até Courtney vir à minha procura.

Só garotos
Capítulo 3

Este é, literalmente, o navio em que viemos...

Meus avós paternos, Serafino e Frances, nasceram e se casaram em Calascibetta, uma cidade antiquíssima no coração da Sicília, e meu avô pegou um navio – o *SS Perugia* – para Nova York em 1906. Frances tinha acabado de dar à luz meu tio Carlo, então os dois chegaram um mês depois, e todos foram parar na Califórnia. Serafino trabalhou para a American Can Company e, em 1918 (ano em que meu pai nasceu), a família estava morando na Keys Street, no centro de San Jose – na mesma casa em que ainda viviam 30 anos depois, quando Serafino faleceu.

ANCHOR LINE'S S.S. PERUGIA

Do lado da minha mãe, meus parentes tinham nomes como Caleb, Keturah e Ezra. Nomes como Theodosia, Temperance e – não estou inventando – Zerubbabel. Eram peregrinos, como Simon Hoyt, que imigrou de Dorset, na Inglaterra, no início do século 17, e se estabeleceu na Colônia da Baía de Massachusetts. A ortografia ainda não era padronizada, então também tenho Hights entre meus ascendentes, assim como Haights e Hyatts. Os Haights são meus ancestrais maternos diretos. Viajaram para o Oeste, entraram para a Igreja de Jesus Cristo dos Santos dos Últimos Dias e se estabeleceram em território mórmon. Horton Devitt Haight, meu avô, nasceu em Utah em 1907, num lugar chamado Antimony.

Horton foi o primeiro marido de minha avó Nona. Tom – o homem que conheci como meu avô – foi o segundo.

Horton e Nona tiveram três filhas: Harlene, Sharon e minha mãe, Deanna – a caçula, a queridinha da família. As garotas nasceram todas em Twin Falls, Idaho, e, quando Harlene tinha 7 anos e minha mãe, uns 2 anos, o trabalho levou a família à Califórnia. Estabeleceram-se em Santa Cruz, onde Horton e Nona se divorciaram. Pouco depois, em 1951, Horton morreu.

Deanna tinha 11 anos. Ouvi falar que ela já era rebelde antes mesmo da morte de Horton. Minha mãe era linda e sonhadora – e, segundo todos os relatos, também cabeça-dura, determinada e impossível de controlar ou de dialogar de forma razoável. Aos 14 ou 15 anos, ela começou a fugir de casa. Nona nunca sabia aonde ela ia. Não sabia se Deanna estava bem nem se estava viva. E então, aos 19 anos, minha mãe apareceu com meu pai a tiracolo.

Meu pai entrou para o Exército quatro semanas antes do ataque a Pearl Harbor, então deve ter embarcado pouco depois. Ele provavelmente lutou, mas não sei dizer onde. Em algum momento, enquanto ele ainda servia, voltou para o país e se casou com uma mulher chamada Adeline.

Quando foi dispensado, em dezembro de 1945, já estava casado havia dois anos, mas não consegui descobrir se teve filhos desse primeiro casamento. Os primeiros 40 anos da vida dele são um mistério para mim.

O que de fato sei é que Frank Feranna tinha o dobro da idade da minha mãe, que tinha 19 anos no dia em que nasci, 11 de dezembro de 1958.

Suponho que, em algumas famílias, a pele cor de oliva de Frank – sua herança siciliana – teria sido o suficiente para criar um certo constrangimento. (Dá para imaginar o que Zerubbabel diria?) Em outras, só a diferença de idade já teria causado um escândalo.

Mas havia algo pouco convencional nesse lado da minha família. O pai de Horton, por exemplo, teve alguns desencontros com a lei: fraude, possivelmente roubo. Não está totalmente claro, mas ele arrumou alguma encrenca e passou um tempo na prisão – e, quando saiu, não voltou para a família. Começou uma nova e deixou a nossa para trás.

Os Haights saberiam como suportar o cheiro de um escândalo.

Além disso, havia o fato de Nona ser mais velha do que Tom, o homem com quem ela se casou depois da morte de Horton – bem mais velha, 16 anos. Quando Tom era pequeno, Nona fora sua babá. Quando ele, já adulto, foi para o Exército e serviu em Fort Ord, na baía de Monterey, os dois se reencontraram.

Assim, a diferença de idade também não era nenhuma novidade.

Ou pode ser que Nona simplesmente estivesse feliz por Deanna ter voltado inteira.

Qualquer que fosse o caso, minha mãe havia voltado para casa – sã, salva e grávida. Logo de cara, houve um rebuliço por minha causa. Minha mãe havia feito uma lista com alguns nomes, mas Frank insistiu que eu recebesse o nome dele. Ele deve ter sido intransigente – do jeito que minha mãe o descrevia anos depois, eu o imaginava ralhando e arranhando as paredes – e, é claro, conseguiu o que queria: me tornei Franklin Carlton Feranna Junior. Porém, ter um filho com seu nome não foi o suficiente para manter Frank em casa. Quando cheguei à idade de entender o que acontecia a meu redor, ele já havia abandonado a mim e a minha mãe.

NIKKI SIXX

Ou foi o que pensei por muito tempo. A verdade é que a coisa é mais complicada do que isso. A verdade sempre é mais complicada – ao menos na minha família. A verdade é que Frank e Deanna tiveram outra filha, uma irmã que nunca conheci.

A vida de Lisa é outro mistério. Devo tê-la conhecido brevemente quando ela nasceu – mas isso foi há bastante tempo. Eu era novo demais para me lembrar. Na primeira vez em que vi Lisa *mesmo*, ela estava deitada em seu caixão. Era um caixão infantil, porque minha irmã, que tinha 39 anos quando morreu, era uma pessoa muito pequena. Ela nasceu cega e com síndrome de Down. Guardei os sapatos de igreja dela – sapatinhos brancos que ela usava uma vez por semana, durante muito tempo. Não há um arranhão neles, porque ela nunca foi capaz de andar.

Seu rosto era perfeito. Sem rugas e angelical. Mesmo de olhos fechados, olhar para ela era um pouco como me olhar no espelho. Éramos muito parecidos. Na funerária, me enchi de remorso. Na noite anterior, eu tinha ligado para minha mãe e nós tivéramos uma de nossas conversas horríveis.

"Por que eu não a conheci? Por que nós nunca a visitávamos?"

"Não podíamos ir vê-la", disse minha mãe. "Ela ficava muito irritada quando íamos."

Porém, na funerária, conheci um homem cujos pais haviam cuidado da minha irmã.

"Isso não é verdade", ele me disse. "Ela sabia de você, te amava, sentia sua falta e perguntava de você."

Outras coisas que minha mãe havia contado não podiam ser verdade – a começar pelo nome do meio dela: Lisa Maria. Segundo minha mãe, minha irmã recebeu o nome da filha de Elvis. Porém, Lisa Marie Presley nasceu em 1968; Lisa Maria Feranna nasceu em 1960.

Isso não seria nada de mais – uma mentirinha ou uma lembrança equivocada. Mas, se *fosse* mentira, será que eu poderia confiar em qualquer outra informação que ela me contasse a respeito de Lisa? Pensar nisso me lembra de algo que minha tia Harlene dizia: "Sua mãe e eu nunca brigávamos. Ela e sua tia Sharon também se davam bem. Nós três nos dávamos perfeitamente bem, exceto pelo fato de que sua mãe sempre estava mentindo – sobre tudo".

––––––––

Aqui vai uma receita, caso você queira fazer seu próprio *rock star* em casa:

- Pegue uma criança. Quanto mais sensível e criativa, melhor.
- Acrescente um toque de negligência e uma pitada generosa de abandono.
- Se tiver outros irmãos à mão, sujeite-os ao mesmo tratamento e deixe que a criança veja.
- Agite vigorosamente e deixe repousar.

É uma receita rudimentar; tenho certeza de que há outras. Porém, pelo que já vi no tempo em que estive nas trincheiras do rock'n'roll, é um bom começo.

No meu caso, já fiz as contas. É mais ou menos o seguinte: Lisa nasceu em 11 de novembro, um mês exato antes do meu segundo aniversário. Segundo o que descobri desde a morte dela, ela viveu conosco por dez meses. Tempo o bastante para que eu a conhecesse e passasse a amá-la. Tempo o bastante para que eu notasse sua ausência. Até onde eu possivelmente conseguia entender, um dia minha irmã simplesmente… sumiu. Quem poderia dizer que o mesmo não iria acontecer comigo?

E, é claro, o desaparecimento de Lisa não ocorreu num vácuo; meu pai tinha desaparecido também.

Ao longo de toda a minha infância, imaginei que Frank tivesse nos abandonado depois do meu nascimento. Obviamente, eu estava errado. Ele estava por perto em 1960, quando minha mãe engravidou de novo. Estava por perto em novembro, quando Lisa nasceu. E ainda estava por perto dez meses depois, quando Lisa foi levada para viver com a família que acabou cuidando dela.

Não foi essa a história que eu ouvi ao crescer.

Quando perguntei sobre isso a Harlene, fiquei surpreso por ela e Bob, seu marido – que estava lá na época e ainda está com ela até hoje –, terem lembranças agradáveis do meu pai.

"Frank era bonito", disse tia Harlene.

"Era um artista muito talentoso", disse tio Bob.

Harlene e Bob estão com mais de 80 anos. Moram em Idaho, e, durante o primeiro ano de covid-19, não pude vê-los de forma alguma – mas adorava falar com eles por telefone. São afiadíssimos e, depois de mais de 60 anos de casamento, transformaram o velho hábito de terminar as frases um do outro numa forma de arte.

"Tudo o que você ouviu a respeito dele está errado…"

"Bem, Bob, não sabemos disso."

"Sabemos que ele era uma pessoa muito boa, muito talentosa, muito…"

"Nós gostávamos muito dele."

"Seus pais vinham nos visitar", disse Bob. "Tínhamos uma casa nova com um belo pátio nos fundos, com bancos, canteiros de flores, todo tipo de coisa. Seu pai projetou tudo isso. Não lembro o que ele fazia da vida. Devia ser arquiteto. Era capaz de pegar um lápis e desenhar qualquer coisa. Qualquer coisa que você quisesse."

"Nós realmente gostávamos muito dele", disse tia Harlene.

"Vocês sabem alguma coisa do passado dele? Lembram de qualquer coisa sobre a família dele?"

"Nada. Ele não falava sobre isso."

"Vocês sabem por que ele e minha mãe se separaram?"

"Aconteceu alguma coisa que o deixou muito bravo", disse Bob, "porque nós nunca mais o vimos. Na época, presumimos que Deanna tivesse feito alguma coisa de que ele não gostou."

"Isso é bem possível", acrescentou Harlene. "Mas não sabemos."

Mistério não resolvido. Alguém fez alguma coisa. *Algo* deve ter acontecido. Porém, mesmo que Bob e Harlene tivessem tomado conhecimento, em algum momento, sobre o que foi esse algo, não iam contar. Ou – por serem pessoas diretas e honestas – bloquearam isso, ou até mesmo se esqueceram. Houve uma longa lista de caras depois de Frank. Alguns eles conheceram, outros não. ("Ela não namorava muito tempo com ninguém", diz Harlene. "Frank foi provavelmente o homem com quem ela ficou mais tempo.")

A vida da minha mãe era movimentada demais para que alguém conseguisse guardar todos os detalhes. Mas isso não me deixa menos curioso a respeito do que *de fato* aconteceu.

Não consigo imaginar como deve ter sido levar minha irmã para casa saindo da maternidade. Até onde entendo, ninguém esperava que ela sobrevivesse. Seria um fardo muito grande para qualquer um. Qualquer casamento seria tensionado até um ponto de ruptura. Quando Lisa não morreu e eles a passaram adiante – como se supera isso?

E se você não supera? E se você se fecha? E se minha mãe já tivesse se fechado?

"Minha mãe era carinhosa comigo?", perguntei a tia Harlene.

"Não sei dizer. Sei que, quando você nasceu e te trouxeram do hospital, fui até o apartamento onde Deanna morava com seu pai. Fiquei lá por duas semanas e cuidei de você – ela não queria cuidar –, e não pensei muito sobre isso. Ela gostava de cozinhar e sabia que eu adorava bebês e crianças, então nós duas estávamos em nosso hábitat natural. Agora que estou mais velha, sei que deveria ter feito Deanna cuidar de você e criar vínculos com você. Mas eu mesma era uma criança. O que uma criança sabe?"

Talvez meu pai não tenha nos abandonado. Talvez minha mãe o tenha mandado embora.

Mas é fácil culpar a mãe.

Peguemos a história do meu nome. Talvez essa história também seja uma mentira.

Talvez meu pai – o siciliano orgulhoso que era – estivesse todo feliz por ter ganhado um filho. Talvez essa história não tenha tanto a ver com raiva da parte dele, mas com orgulho.

Mas também pode não ter sido assim. Talvez seu punho tenha deixado buracos na parede.

E, mesmo que Deanna tenha tentado impedir Frank de ligar ou de me visitar (não acho que ela tenha feito isso, mas digamos que tenha, a título de argumento), não teria sido desculpa.

"Aconteceu alguma coisa que o deixou muito bravo, porque nós nunca mais o vimos", Bob dissera.

E Frank também nunca mais me viu.

Nona e Tom

Capítulo 4

Depois disso, fomos pulando de cidade em cidade: Lake Tahoe, Reno, El Paso. Parecia que nunca ficávamos num mesmo lugar por muito tempo.

Bob e Harlene foram os primeiros a se mudar para Lake Tahoe. Bob era mecânico automotivo. Tinha passado 13 anos trabalhando para uma companhia em Santa Cruz e então decidiu trabalhar sozinho depois de descobrir que em Tahoe havia uma loja de peças automotivas que não contava com oficina. Ele e Harlene se mudaram para lá a fim de montar essa oficina, que por muitos anos foi a única da cidade.

Meu avô Tom também era mecânico, como Bob. Ele e Nona seguiram Bob e Harlene até Tahoe, e Tom foi trabalhar na oficina.

Em algum momento, nós nos juntamos a eles.

Deanna conseguiu emprego como crupiê – de *blackjack* – no cassino Harvey's Wagon Wheel. Não era exatamente onde ela queria estar. Ela sonhava em ser modelo ou atriz. Sentia-se atraída por músicos e tipos do *show business*. Porém, o chão do cassino não era tão distante do palco, e, depois do trabalho, ela tinha a oportunidade de se misturar aos artistas. Passava a noite toda fora e entrava escondida em casa de manhã. De vez em quando eu acordava e um homem estranho estava no nosso apartamento. Eu era muito novo, mas me lembro bem de uma pessoa, não apenas porque ele ficou por um tempo mas também porque havia algo de incomum nele. Algumas coisas incomuns, na verdade. Era gentil, e eu me lembro dele agachado no chão brincando comigo e contando o que para mim eram as piadas mais engraçadas do mundo. Ele mantinha contato com sua própria criança interior, mas às vezes ficava triste. Eu subia no sofá e colocava minha cabeça em seu ombro.

Quando ele sumia por um tempo e aparecia de repente, me via e ficava radiante. "Frankie, meu parceiro!"

Richard passava algumas semanas na cidade e ia embora, mas sempre voltava. Eu sempre ficava extasiado em vê-lo, mas nem todo mundo se sentia da mesma forma.

Eram os anos 1960, mas não o final dos anos 1960. Os homens ainda usavam chapéus. A miscigenação – "casamento e/ou relações sexuais entre diferentes raças" – ainda era ilegal em vários estados. Quinze anos antes, era ilegal na Califórnia, onde ainda era algo malvisto. Deanna perdeu o emprego no Harvey's. Os chefes disseram a ela que funcionários do cassino não podiam sair com artistas porque isso violava as regras do estabelecimento, mas tenho certeza de que havia outras coisas que eles não toleravam. Na época, esse tipo de relacionamento era raro, se não totalmente insólito.

Se conheço alguma coisa a respeito da minha mãe, tenho certeza de que vivíamos de salário em salário. Não tínhamos economias. Nossa única rede de segurança era a família – e isso deve ter sido de grande ajuda, considerando o horário de trabalho da minha mãe e todo o tempo que ela passava fora –, mas ninguém tinha dinheiro. Eu não sabia na época, mas, analisando agora, me dou conta de que não tínhamos nada. Perder o emprego deve ter sido um golpe e tanto. Não sei como ela se sentiu na época por ter perdido Richard. Mais tarde, minha mãe deve ter tido seus remorsos, mas, se teve, não falou

Nona e Tom

sobre eles. Só depois de bem mais velho foi que liguei os pontos e percebi: "Ahhh... Richard Pryor".[1]

Porém, assim como meu pai, Richard sumiu, e não sei se foi por escolha própria. Segundo Bob e Harlene, ele vivia ligando para minha mãe. Quando ela não atendia, ele ligava para eles. Levou um tempo até que Richard desistisse, e mais um tempo até que ele se tornasse famoso de verdade. Porém, quando cheguei ao ensino médio, ele já era mais do que famoso – era um ícone. Ninguém em Jerome acreditaria que ele namorou minha mãe. Se eu dissesse que havíamos passado um ano morando com alienígenas, daria na mesma. Em Idaho, a Califórnia parecia um outro mundo.

Minha mãe conseguiu emprego em outros cassinos, mas nenhum tão estável quanto o do Harvey's. Em pouco tempo, ela começou a desaparecer também. Sumia por longos períodos – ou o que para mim pareciam longos períodos. Eu ficava com Nona e Tom ou alternava entre a casa deles e a de Bob e Harlene. Devo ter começado a ir à escola lá, em Tahoe, mas quaisquer lembranças que eu tenha estão irremediavelmente misturadas às recordações de escolas de outros lugares. As atividades ao ar livre são do que mais me recordo. Nadar no verão. Andar de *snowmobile* na neve. Eu era pequeno demais para conduzir um, então provavelmente ia sentado no colo de Bob ou Tom – e Bob e Harlene tinham filhos, meus primos mais velhos. Devia estar nevando no dia em que vi meu pai pela última vez. Eu tinha 4 anos – sei disso porque havia uma foto nossa daquele dia – e ele me deu um pequeno trenó vermelho. Lembrei disso outro dia no

---

1. Richard Pryor (1940-2005) ainda não era famoso na época, mas posteriormente se tornou um dos mais célebres atores e comediantes dos EUA. (N. do E.)

Wyoming, quando fui à Ace Hardware para comprar um para minha filha. Lá fora, nevava forte. A neve caía com tudo, e eu saí da loja com o mesmo tipo de trenó vermelho para Ruby, e foi aí que me bateu muito forte aquela lembrança do meu pai, porque é a única lembrança real que tenho dele. Porém, exceto pelas saudades dele e de Richard, não me lembro de ter sido muito triste ou solitário em Tahoe. Meus primos e eu passávamos muito tempo juntos e eles eram como irmãos para mim. Bob e Harlene estavam sempre por perto, assim como Nona e Tom. Foi uma época boa com a família.

Tom era extremamente aventureiro, como um desbravador nascido no século errado. Adorava pescar e caçar e, se tivesse por perto a ferramenta necessária para concluir uma tarefa, se sentava e resolvia tudo com as próprias mãos. Eu ficava intrigado com as ferramentas dele – eram como brinquedos que você podia usar para construir outros brinquedos. Era obcecado pelo canivete dele. Eu queria um igual, então Tom comprou um para mim, que guardei por muito tempo. Não sei se ele vendeu algumas das ferramentas para poder comprá-lo. Eram as ferramentas que ele usava para ganhar a vida, mas seu primeiro pensamento foi "Frankie quer um desses. O que posso vender?". É engraçado pensar que ele acabou trancado num escritório. Porém, antes disso acontecer, minha mãe reapareceu, e eu, ela e seu novo namorado, Bernie, partimos numa grande aventura para Puerto Vallarta.

Bernie era músico, trompetista, que de vez em quando tocava com Frank Sinatra. Talvez, para a minha mãe, ele fosse um nível acima de Richard. Mas, por algum motivo, eu tinha medo dele. Hoje em dia eu seria mais flexível com Bernie. Por ser músico, ele só saía do trabalho bem depois da meia-noite – e o que as crianças fazem de manhã? Ruby começa o dia chutando, gritando e assistindo a desenhos animados, e tenho certeza de que eu fazia o mesmo. Era a última coisa que Bernie precisava ouvir de manhã depois de ter passado a noite acordado. Como adulto, compreendo melhor a situação dele. Mas, na época, a única coisa que ouvia dele era "Silêncio, silêncio!".

Era frustrante lidar com isso, e tenho certeza de que era frustrante para ele também. Mas lá estava eu, e ele pegava no meu pé sem parar. Não gostava do jeito como eu me sentava largado na cadeira. Não gostava quando eu colocava os cotovelos na mesa da cozinha. Não gostava do jeito como eu escovava os dentes, de lado e não de baixo para cima, como ele havia me ensinado. Não gostava quando eu o acordava, então gritava comigo, e eu pensava "Você não é meu pai".

Acho que não disse isso em voz alta. Certa vez, Bernie me deu um soco ou um tapa – eu estava escovando os dentes do jeito errado de novo –, e isso se transformou numa briga violenta entre minha mãe e ele. Um monte de gritos e eu sentado no chão, chorando depois de ter tomado um golpe na boca. Mesmo aí acho que não falei nada em voz alta.

Eis aqui uma foto de nós três. Parece que Bernie e minha mãe estavam tomando vinho além de café. E fumando também: Marlboro vermelho. Porém, embora estivessem relaxados, Bernie está de lado, com os braços cruzados. Os braços da minha mãe estão abertos; ela parece olhar para mim com amor verdadeiro, mas não está estendendo a mão para mim, nem sentada tão perto assim de mim. Pelo que vejo, parece uma mulher que está sendo puxada em duas direções diferentes – e tenho certeza de que era esse o caso. E Bernie – bem, Bernie parece um homem que não é meu pai.

Mas ele devia me tolerar até certo ponto, já que concordou em me levar para o México. Não sei bem por que ele e minha mãe quiseram ir. Bob acha que foi porque era mais fácil para eles comprarem uma propriedade no México se minha mãe desse à luz lá. (Em todo caso, não aconteceu. Minha irmã Celia nasceu nos Estados Unidos.) Não acho que Deanna sabia que estava grávida. Na época, tudo o que eu sabia era que um dia nós fizemos as malas e fomos embora.

A viagem não foi muito confortável. O carro de Bernie era pequeno – um Corvair ou um Karmann Ghia. Ele tinha um cachorro grande, uma pastora-alemã brava, e nós dois fomos encolhidos no banco traseiro, onde Bernie e minha mãe também colocaram todas as coisas que não couberam no porta-malas. A cachorra mordia. Rosnava. Quando parávamos e descíamos do carro, ela corria atrás de mim. Fomos por estradas de terra e, em dado momento, atolamos. Um rio havia transbordado e preenchido uma parte da estrada que tinha uma leve depressão. Não era a melhor circunstância para um carro esportivo com três pessoas e carga demais. Porém, quando as pessoas saíram de seus carros para empurrar o nosso, a cachorra começou a rosnar e a latir para elas. A viagem toda já foi um pequeno pesadelo, mas valeu a pena, porque, quando chegamos, Puerto Vallarta se revelou o mais mágico dos lugares.

Eu nasci numa baía do Pacífico, mas a Bahía de Banderas era muito diferente da Bay Area. Tropical. Exuberante. Havia lagartos por todo lado – e os lagartos também eram mágicos. Nossa casinha ficava a cem passos do pé de uma montanha, e a cada dois passos havia algo para apreciar. Eu via burros e iguanas. Do topo da montanha, era possível enxergar todos os animais e o oceano. Eu passava horas observando, vendo o movimento dos barcos, e, mais do que nunca, era livre para andar por ali. Corria pelos degraus, brincava com as outras crianças na praia e nadava e corria nu. Na rua, vendiam milho embrulhado em papel-alumínio com coentro, manteiga e sal, que você comia no palito, e eu tive verme por comer ceviche – mas isso só descobri depois. De volta aos Estados Unidos, fui ao banheiro e chamei Nona. Pensei que meu intestino estivesse saindo e fiquei apavorado. Precisei ser levado ao hospital e passei a noite lá. Não me alimentaram e me deram sulfato de magnésio para matar o verme de fome. Foi a primeira vez que usei um penico de hospital. Acabou sendo mais uma coisa para usar contra Bernie. Porém, só teve uma coisa que Bernie fez que eu não entendo.

Nossa casa era muito pequena. Não tínhamos TV, mas recebíamos visitas. Tenho vagas lembranças de Bernie e minha mãe bebendo e fumando maconha, embora eu não soubesse o que era maconha naquela época. E tenho algumas lembranças de Bernie me perguntando se eu queria experimentar o que ele estava fumando. Lembro-me de experimentar e de me sentir meio viajandão, e só muito mais tarde foi que me dei conta de que ele havia me apresentado à *marijuana* quando eu tinha 7 anos.

Naquela época, os pais faziam coisas que, hoje, os colocariam na cadeia. Eram os anos 1960. Você ia à casa de alguém e os anfitriões estariam pelados. Os adultos estariam pelados. As crianças já nem usavam roupa nenhuma. Os adultos arranjavam confusão e você se sentia amedrontado, mas ia na onda. Isso me incomodou mais tarde na vida, quando me permitiu fazer aquilo em que sou muito bom: dizer "Foda-se esse cara. Que ele se foda. Olha só para ele agora". Bernie certamente contribuiu para essa atitude de merda que tenho em relação às pessoas que me fizeram algum mal.

Courtney diz que, se alguém me trata mal, perco as estribeiras. Isso é verdade até hoje. Não encoste a mão em mim. Você não está autorizado a me desrespeitar. Meus limites são definidos. Até mesmo algo pequeno é capaz de queimar uma relação e, se eu estiver furioso o bastante, não me importo em me queimar para queimar você.

Mas voltemos a Puerto Vallarta. Os aromas e as cores. Havia um velho navio naufragado ali, apodrecendo aos poucos. Para mim, era a coisa mais legal que já existira. Quando larguei a heroína pela primeira vez, voltei a Puerto Vallarta. Não foi um retorno à cena do crime; foi mais como fechar um ciclo. Eu não tinha namorada na época. Tinha um único amigo limpo e passei o tempo todo com ele na praia. A gente deitava lá e conversava e, para mim, era o começo de uma vida muito melhor – o começo da vida que tenho hoje.

Talvez você ache que, quando a gente se livra do vício, a vida infla em grandes tigelas de cerejas. Mas o que acontece é o contrário. Quando você larga as drogas, ou qualquer que seja o curativo que você usa para cobrir suas feridas, começa a sofrer e a fazer perguntas duras. Se você não diz "Vou levar um dia de cada vez e entregar minha vida a alguma força maior", não sabe o que te espera. Eu levei o AA a sério naquela época. Eu me cerquei de pessoas saudáveis e sóbrias e que tinham coisas pelas quais queriam viver. Sempre achei importante me cercar de gente mais inteligente do que eu e melhor do que eu naquilo que eu queria fazer. Com sorte, consigo contribuir com algo além do meu nome e de minha má reputação. No mínimo, acredito, vou aprender algumas coisas e incorporar uma humildade muito bem-vinda. E sempre vou associar o México às coisas boas, mesmo que Bernie não tenha sido uma delas.

Tento não levar muito para o lado pessoal. Bernie foi um pai de merda para Celia também – bem ausente –, e Celia era sangue de seu sangue e uma pessoa maravilhosa, então não acho que o problema dele era só comigo. O cara detestava crianças e não deveria ser pai.

Isso implicava, no fim das contas, que ele e minha mãe não deveriam ficar juntos. Porém, quando eles finalmente se separaram, eu já havia ido embora. Já tinha voltado a morar com Nona e Tom.

Estávamos morando em Carson Valley, logo ao sul de Reno. Uma nova rodovia estava sendo construída pela Passagem de Donner. Tom foi contratado para atuar na obra como soldador. Trabalhou até a rodovia ficar pronta e então se aliou a um cara que o convenceu a abrir um negócio, uma firma que vendia todo tipo de seguros. Tenho vagas lembranças desse trabalho. A empresa se chamava Mark Twain Insurance. A essa altura, havíamos nos mudado para Yerington, Nevada – uma cidade seca no deserto, a uma hora e meia de Reno. Parecia um lugar improvável para a venda de seguros, mas Tom e seu sócio mantiveram o negócio aberto por um ano, talvez mais, até que alguma agência do governo ficou sabendo. Aparentemente, eles vendiam apólices de seguro que não contavam com a proteção adequada – nada ilegal, mas o suficiente para lhes render alguns pepinos. Venderam os contratos que tinham para uma das grandes companhias nacionais.

Tom não servia para a vida em escritórios, no fim das contas. Mas ele e Nona tinham dinheiro suficiente para recomeçar. Foi assim que fomos morar no Texas e no Novo México.

Depois de um ano no escritório, Tom provavelmente queria voltar a fazer trabalhos manuais ao ar livre. Isso não aconteceu logo de cara – e, quando aconteceu, pode não ter sido tudo o que ele esperava. Primeiro, ele conseguiu emprego como mecânico num posto Shell em El Paso.

Minha avó e eu o visitávamos lá. Eu me lembro do cheiro de graxa e que adorava esse cheiro; me sentia parte de um clube secreto, repleto de caras maneiros, de cabelo penteado para trás e brinquedos nos quais eles trabalhavam dia e noite, até que cada um estivesse perfeito. *Hot rods* eram um baita negócio naquele tempo, potência totalmente estadunidense, e aquele posto Shell parecia o Taj Mahal para mim. Em casa, construía miniaturas de carros, mas meu avô trabalhava em carros de verdade. Trocava pneus de verdade. Reconstruía motores de verdade. Era fascinante. E seria esperado que isso fosse passado para mim – mas não. A única ferramenta que aprendi a usar foi o baixo.

Venta muito em boa parte do Texas, mas essa região também é especialmente quente e não havia lagos onde eu pudesse nadar. Porém, tínhamos nos mudado para uma casinha ao lado de uma escola, então havia campos de beisebol e de futebol americano e, exatamente do outro lado da rua, era possível ver a casa onde meu amigo Juan morava. A porta estava sempre aberta e a mãe de Juan estava sempre cozinhando. Ela nos alimentava e, quando íamos à minha casa, Nona nos alimentava.

Íamos de bicicleta ao parque, onde também havia um campinho. As crianças mais velhas do bairro jogavam e Juan e eu nos sentávamos na cerca para assistir. Depois, quando todos os meninos mais velhos iam embora, procurávamos por bolas perdidas – posses de valor que levávamos nos bolsos enquanto voltávamos para casa em nossas Schwinn Sting-Ray.

A casa de Juan era pequena, assim como a nossa. Todas as casas do bairro eram pequenas, quadradas, mas, naquela época, Juan e eu não sabíamos que elas eram pequenas. Eram todas parecidas, com dois ou três quartos, e ninguém tinha piscina. Havia apenas pequenos quintais que se encontravam com quintais laterais em cercados compartilhados. Todo mundo devia saber da vida dos vizinhos. Mas, para uma criança pequena, um quintal era suficiente. Havia jardins na frente também, onde podíamos deixar as bicicletas. Eram bicicletas antigas que não tinham marcha nem suporte. Você as jogava direto na grama e, se esquecesse de voltar para buscá-las, elas ainda estariam lá, mesmo depois de horas. A vida era mais tranquila naquela época, mais inocente. Colocávamos cartas de baralho nos aros para que as bicicletas soassem como se tivessem motores de corrida. Depois das tarefas diárias, guardávamos nossos centavos e os gastávamos em bombinhas Black Cat, que eram legalizadas no Texas. Nosso grande ponto de encontro era a loja Piggy Wiggly, porque lá eles tinham carros de montar e Hot Wheels.

Juan e eu montamos um carrinho juntos. Era um *dragster* longo com grandes rodas traseiras, pequeninas na frente e um *spoiler* gigante. Gastamos muito tempo na pintura, nos decalques – era um modelo sério, que tinha um lugar de honra no meu quarto, até o dia em que Juan e eu o levamos para o quintal. Pegamos um pacote inteiro de bombinhas, colamos nas laterais do carro e explodimos o brinquedo.

Minha avó nos escutou, é claro. Saiu da casa e disse "Por que vocês fizeram isso?". Mas a vida era muito simples quando o pior que você poderia fazer era explodir um carro de brinquedo.

Às vezes, Juan e eu fazíamos rampas com blocos de concreto e tábuas, rampas que colocávamos no meio da rua. Os carros que passavam desaceleravam e desviavam de nós com cuidado. Às vezes, dormíamos no quintal, ficávamos acordados até tarde, observando as estrelas. Quando nos mudamos para o Novo México, fui de coração partido. Havia perdido meu melhor amigo.

Em Anthony, morávamos num trailer com um tanque séptico atrás, um tanque de propano, e havia uma montanha gigante de terra gerada pela escavação do tanque séptico. Eu brincava nessa montanha e fazia deslizamentos de terra sempre que chovia – chuvas incríveis no deserto, quando toda a região inundava muito rápido e *tudo* virava lama.

Eu passava muito tempo naqueles escorregadores de lama. Era muito focado. Algo ali despertava minha imaginação e eu me perdia por horas. Por fim, Nona aparecia e me desligava do mundo que eu estava criando. Na fazenda, havia muito o que fazer.

Quando digo "fazenda", você deve imaginar campos cheios de milho ou repolho – em outras palavras, colheitas. Não era esse tipo de fazenda. Se tivéssemos cavalos, chamaríamos de rancho, mas tínhamos porcos, então era uma fazenda – uma fazenda de porcos. Não havia muito verde por ali. A uns 150 ou 250 metros de distância, tínhamos uma área cercada onde os porcos comiam e dormiam. Tínhamos um burro chamado Gabe, um pequeno pônei (não sei por que tínhamos um pônei) e coelhos, que eu tinha de alimentar. Tínhamos galinhas – recolher os ovos era outra tarefa incumbida a mim – e um galo psicótico que me atacava sempre que eu dava uma olhadinha que fosse no galinheiro. Eu odiava aquele bicho tanto quanto odiara a pastora-alemã de Bernie e reclamava constantemente até o dia em que Tom chegou em seu El Camino. Olhei na traseira e lá jazia o galo, sem cabeça. Fiquei feliz e grato. Mas Nona e Tom faziam valer meu trabalho. Eu alimentava os porcos. Cavava os buracos para os postes das cercas. Pegava as ferramentas, embora fosse péssimo com ferramentas, e consertava o arame farpado.

Imagine uma cerca de arame farpado com postes, daquelas que vemos no campo. E uma porteira com dobradiça que daria para a pocilga ou o curral.

Bem, nós não tínhamos postes regulares – os nossos pareciam mais troncos de árvore ou tocos – nem porteira. Só o arame farpado, e, para fechar a pocilga, era preciso pegar um poste, puxar o arame até ficar firme e enganchar uma dobra dele no poste até que a tensão segurasse a cerca. Quando essas dobras se desfaziam, eu as consertava, e, quando terminava as tarefas, passava um tempo com os animais.

Agora que o galo estava morto, eu não me importava nem um pouco em fazer as tarefas. Fazia um calor escaldante – tudo bem. Chovia – tudo bem. Deitava ao lado de um dos porcos, apoiava as costas e a cabeça na barriga dele e olhava para as estrelas. Considerava os porcos meus amigos. Os coelhos também, até que descobri que outra das minhas tarefas seria matá-los. Comíamos aqueles coelhos no jantar, e isso era perturbador. *Ainda* é perturbador me lembrar da tábua que Tom transformou numa arma no formato de um taco de beisebol, com direito a cabo. Mas hoje percebo que estava aprendendo uma lição: aquilo que matássemos tínhamos de comer. O que fôssemos comer tínhamos de matar.

Tom estava tentando me ensinar o verdadeiro preço das coisas.

Foi a mesma coisa com os porcos. Um caminhão chegava sacolejando pela nossa estrada de terra e meus amigos, os porcos, eram levados. Ficávamos com os leitões. Quando os leitões cresciam, o caminhão voltava.

Esse era o ciclo da fazenda, o ciclo da vida. Não era tudo ensolarado e florido.

———

Em Anthony, a maioria das estradas era de terra. No trailer da frente, do outro lado da estrada, morava uma velha. Estava sempre bebendo alguma coisa, sempre fumando enquanto falava numa voz rouca – devia ser assustadora, e de fato era meio fantasmagórica, mas, para mim, era uma pessoa interessante. As marcas em seu rosto, suas histórias, as cinzas que caíam de seus cigarros, o cachorro que ficava deitado no alpendre sujo, tudo isso era interessante.

Bem mais adiante na estrada ficava a parada do ônibus escolar. Não me lembro de alguma placa, no máximo se tratava do cruzamento de uma estrada de terra com outra, mas havia mais três ou quatro trailers ali. Garotos mais velhos moravam nesses trailers, e eles me importunavam todos os dias no ônibus. Roubavam da minha lancheira o almoço que Nona havia preparado para mim ou me faziam lhes dar o dinheiro do lanche. Um dia, me jogaram no chão, pisaram em mim e me seguraram ali durante todo o trajeto de meia hora pelas estradas de terra até a escola. O chão era sujo, poeirento e suarento – não havia ar-condicionado –, e algo fervilhou dentro de mim.

"Essa é a última vez que *isso* acontece", disse a mim mesmo.

Deixei passar naquele dia, mas não me esqueci. Assim que saí de casa no dia seguinte, joguei meu almoço no mato e enchi a lancheira com pedras. Assim que entrei no ônibus, os garotos mais velhos vieram para cima de mim. Não se sentiam mal. Estavam até mais corajosos. Não havia muito o que eu pudesse fazer. Porém, assim que descemos do ônibus, chamei o nome de um deles. Ele se virou, e eu golpeei o rosto dele com a lancheira com o máximo de força que pude. Ele caiu no chão na hora e eu girei para acertar outro dos garotos mais velhos. Havia sangue na lancheira, sangue nas minhas roupas, sangue na cara inteira dos meninos mais velhos – mas não acabou aí, porque fui levado imediatamente para a sala do diretor.

Lembro-me de me sentir orgulhoso de mim mesmo. Lá estava minha lancheira sobre a mesa do diretor. Havia um novo amassado ao lado do adesivo da STP que Tom me trouxera do posto Shell, e eu estava muito orgulhoso de como aquele amassado tinha ido parar ali. Senti que havia de fato conquistado algo – e tinha mesmo. Nenhum dos garotos mais velhos ousou mexer comigo de novo.

"Aqueles moleques estavam mexendo comigo", disse ao diretor.

"Você não pode bater nos outros, Frankie."

"Mas aqueles moleques estavam me provocando."

No fim das contas, chamaram Tom até a escola. Ele ouviu o que o diretor tinha a dizer e falou: "OK, vou dar uma lição nele".

Achei que fosse levar uma baita bronca, mas, quando entrei no El Camino, Tom colocou o braço sobre meus ombros.

"Estou muito orgulhoso de você."

Nunca me esqueci disso. Quando meu filho Decker estava no quinto ano, ele fez a mesma coisa. Decker sempre foi um menino contido. Sempre ficou na dele e nunca teria mexido com outra criança como aqueles garotos mais velhos haviam mexido comigo. Mas, quando Decker põe na cabeça que vai fazer uma coisa, ele faz. Um dia, estava cuidando da própria vida quando um grupo de garotos começou a atirar pedras nele.

Recebi um telefonema do diretor 15 minutos depois. Eu morava a um quarteirão da escola e, quando cheguei lá, entendi de imediato o que tinha acontecido. Decker dera uma surra e tanto em cinco garotos mais velhos.

Levei-o para casa e, assim que entramos, coloquei o braço nos ombros dele.

"Estou muito orgulhoso de você."

———

Se você andasse mais uns três quilômetros para além daquela parada de ônibus em Anthony, chegaria a uma loja de conveniência instalada num casebre. Aqui no Wyoming, tudo são construções e celeiros. Celeiros bem grandes. Em Anthony, todas as casas eram improvisadas – adobe + compensado + blocos de concreto + tapumes de alumínio. A maior parte da cidade era hispânica, e todos os meus amigos eram latinos. Ainda tenho minha foto escolar daquele ano – 1969 – e sou um dos poucos garotos brancos da turma. Para mim, não era algo estranho. Eu havia morado no México e em El Paso – íamos a Juarez o tempo todo.[2] Sentia uma conexão profunda com aquela cultura católica antiga e provavelmente teria sido feliz lá se tivéssemos ficado. Porém, nossa fazenda não era a mina de ouro que Tom esperava que fosse.

---

2. El Paso, no Texas, está localizada bem na fronteira dos EUA com o México e é vizinha direta de Ciudad Juarez, no estado mexicano de Chihuahua. (N. do T.)

Minha avó sempre foi a grande comparsa de Tom e, de vez em quando, trabalhava fora de casa – certa vez, ela e Harlene trabalharam juntas num salão de beleza. Mas, na maior parte do tempo, Nona ficava em casa; tinha de ficar para cuidar de mim, e Tom tinha diversos empregos. Mesmo depois de nos mudarmos de Anthony, ele dirigia até o posto Shell para trabalhar – não muito mais do que 50 quilômetros, mas aquelas estradas de terra não eram moleza. Ele saía cedo e voltava tarde e, quando não estava trabalhando lá, trabalhava em casa. Hoje, vejo o que eu não via na época: a vida inteira, Nona e Tom correram atrás de salários e de empregos na tentativa de cuidar de mim e de cuidar um do outro.

O posto Shell deve ter sido o motivo de termos voltado para El Paso em vez de irmos para algum outro lugar quando a fazenda fracassou em dar dinheiro.

Em El Paso havia trabalho.

Fiquei animado por voltar ao Texas. Quando fomos morar a quatro quarteirões da casa de Juan, nem acreditei. Fui até lá assim que

ÁLBUM DE RECORTES

TIA HARLENE, SHARON, MAMÃE

COM PRIMOS & COOKER

EU

PAPAI - 1953

EU E JUAN EM EL PASO

SEMPRE TIVEMOS CACHORROS

NONA E TOM

OUTRA FOTO RUIM DA ESCOLA

DIA DE PESCARIA

REUNIÃO DE FAMÍLIA: SHARON, NONA E HARLENE

MAMÃE

Susie & eu

Tom, Bob, Raylene e mais um corte de cabelo ruim

Mamãe com Ramon e sua família (Seattle)

A CAMINHO DE LOS ANGELES

JEROME, IDAHO – 1976

cheguei e me encontrei com ele, e nós passamos pela escola primária a caminho da escola de ensino fundamental, mas me recordo de pensar que algo havia mudado. Estávamos diferentes, e eu nem tinha passado tanto tempo longe. Lembro-me de voltar para casa naquele dia sentindo que não tinha mais um melhor amigo, de me jogar no sofá para ver TV e de ficar amuado.

Naquela época, a programação da TV se baseava em ideias antiquadas sobre a vida estadunidense. Novelas até o horário de saída da escola, seguidas por umas duas horas devotadas a programas infantis: *Os monstros*, *Batman*, *A ilha da fantasia*. Agora é fácil imaginar aqueles executivos das emissoras sentados num escritório em Burbank – "Crianças de 12 a 15 anos vão gostar de *Os monstros*" – e pensar "Oh, não. Eu fui mesmo pego pelo sistema!". Mas, às vezes, ser pego pelo sistema dá uma ótima sensação. A TV era um ótimo tranquilizante – não me lembro de ter demorado muito para superar o fim da minha amizade com Juan – e a escola ainda não era um saco. Era na escola onde os livros estavam, e eu sempre fui capaz de me perder num bom livro. Era na escola onde os materiais de arte estavam. Onde as garotas estavam.

Nossa mudança de volta a El Paso coincidiu com o início de meu interesse por garotas. Havia uma casa atrás da nossa que era idêntica à nossa, com uma família idêntica à nossa – exceto pela garota que morava lá. Eu a via tomar sol no quintal e não conseguia acreditar. Nos dias de aula, tentava sair de casa mais cedo para chegar à esquina antes dela. Assim, eu estaria tranquilo e bem composto quando ela aparecesse. Mas eu não sabia como ser *cool* de verdade, não tinha nenhuma sacada, nem coragem. Se eu abrisse a boca – mesmo que só para dizer "Oi, sou o Frankie. Somos vizinhos" –, sairia tudo errado. Então eu ficava lá parado feito um idiota.

Mais tarde, quando formei minha primeira banda, os outros caras me provocavam por causa disso: davam em cima das garotas enquanto eu ficava apoiado na parede feito um tonto. Mas, para aquela época e local, era a estratégia certa. Eu sempre acabava com mais garotas ou com a garota mais bonita ao final da noite. Porém, a essa altura, eu já tinha uma banda. Tinha manha. No Texas, do ponto de vista das garotas, eu poderia muito bem ser uma erva daninha ou um cacto. De qualquer forma, nós não éramos feitos para o Texas. Tom queria mais do que seu trabalho na Shell tinha a oferecer e, embora Anthony não tivesse dado certo, Nona e Tom mantinham firmes suas esperanças e sonhos, e nos mudamos de volta para a parte do país de onde a família viera. Ninguém me perguntou nada, mas isso não me surpreendeu, e não me importei. Eu teria ido para qualquer lugar com Nona e Tom.

Twin Falls

Capítulo 5

Nunca dormíamos em hotéis. Para ir de Tahoe ao Texas, alugamos um pequeno caminhão. Quando parávamos à noite, Tom estendia um saco de dormir ao lado do caminhão. Eu dormia esticado no chão, Nona se deitava nos bancos e Tom dormia sob as estrelas. De manhã, acordávamos, tomávamos café, comíamos donuts e caíamos na estrada de novo. Alugamos um caminhão desses para a mudança até Anthony também – embora essa tenha acontecido num tiro só, sem parada para dormir. Usamos outro para a mudança de volta a El Paso. E, quando subimos para Idaho, Tom alugou um caminhão de novo.

Mas talvez não tenha sido tão simples assim. Em algum momento, tenho certeza, voltei a morar com a minha mãe – não em Lake Tahoe, mas em Hollywood. Na verdade, *sei* que fui porque me lembro da loja de miniaturas, que ficava a um ou dois quarteirões da nossa casa.

Mais tarde, moramos em Topanga Canyon. Era um pouco como Anthony ou El Paso: muita madeira, arbustos e ar seco. Porém, perto da loja de miniaturas, a cidade era densa, repleta de vida nas ruas e de trânsito – caminhões, ônibus, carros. Se eu fosse adivinhar, diria que estávamos em Hollywood. Onde quer que estivéssemos, havia um milhão de coisas feitas pelo homem para se ver, e eu tentava absorver o máximo que podia a caminho da loja. Nessa idade, toda jornada para fora de casa parece uma aventura – um arroubo emocional sem fim. Cada cerca. Cada rua que você precisa cruzar. Cada grupo de estranhos pelo qual você precisa passar para chegar à porta da loja de miniaturas – e, uma vez lá dentro, você é tomado pelo deslumbramento e pela empolgação. Eu me perdia pelos corredores estreitos da loja e saía piscando diante da luz do sol. Às vezes tinha dinheiro o bastante para comprar o mesmo tipo de *dragster* que construíra e explodira com Juan, mas o que eu queria mesmo era um grande barco *pop-pop*.[3]

Um barco *pop-pop* é uma invenção brilhante: um brinquedo simples a vapor, com uma caldeira e dois exaustores. Pode ser alimentado por uma vela ou por um pequeno queimador com óleo vegetal. O modelo vendido na loja de miniaturas era movido a espoletas, e minha mãe finalmente tinha comprado um para mim. Eu brincava com ele por horas, observava-o pular lentamente de um lado até o outro da nossa piscina. Às vezes, ele ficava sem "combustível", e eu tinha de entrar na água para pegá-lo, e isso em si já era uma aventura.

Nossa piscina ficava no centro do complexo de apartamentos para onde minha mãe tinha se mudado, mas ninguém a usava. Não sei por quê. Não era suja; o complexo era bem legal, na verdade, com dois andares, escadas externas que levavam até as sacadas e paredes de estuque de cor creme-amarronzada. Morávamos em um dos apartamentos do térreo, no final de um dos retângulos que formavam o complexo. Dentro do apartamento, tínhamos um sofá seccionado com cara de "era espacial" e carpete felpudo. Muitos anos depois, quando nosso álbum *Girls, Girls, Girls* saiu, comprei uma casa estilo rancho num lugar chamado Hidden Hills, e a primeira coisa que fiz foi instalar um carpete verde felpudo.

---

3. O barquinho *pop-pop* tem esse nome por causa do barulho feito por algumas versões do brinquedo. (N. do T.)

Todos os meus amigos ficaram perplexos. "Como você pôde fazer isso?"

Bem, eu pude porque adorava aquele tipo de carpete. Não se vê mais por aí, mas, em 1987, trazia boas lembranças da primeira vez em que vivi em Los Angeles.

Tínhamos um sistema de som também, com alto-falantes gigantes, e minha mãe ouvia Motown e música latina enquanto cozinhava. Ela cozinhava sem parar naquela época, porque sempre tínhamos visitas bebendo coquetéis e fumando cigarrinhos de artista – e minha mãe fumava maconha também. Não parecia uma mãe. Era apenas mais uma pessoa descolada naquele lugar descolado com comida descolada e música boa. É claro, ela me tirava da cama também. Penteava meu cabelo, preparava meu café da manhã, me mandava para a escola. Mas eu não me lembro da escola, só do cheiro das coisas que ela cozinhava: lasanha ou *menudo* (um tipo de sopa mexicana), a uns três metros da sala onde o pessoal descolado ficava e a música legal tocava.

Esses *hipsters* eram provavelmente artistas ou músicos – era desse tipo de pessoa que minha mãe se aproximava – e amigos de quem quer que ela estivesse namorando no momento. Dois deles, Carl e Alan, eram jogadores profissionais de futebol americano. Eram gigantes, os maiores homens que eu já tinha visto na vida. Para mim, eles tinham a altura de uma casa, e, quando me carregavam no ombro, eu me sentia alto o bastante para tocar o sol, me sentia destacado – mais do que especial, porque sabia que, no campo, Carl e Alan eram monstros. Tinham até nomes de monstros, o que eu adorava: junto de outros dois jogadores do time deles, os Vikings, eram conhecidos como os Purple People Eaters ["Devoradores de Gente Roxos"].

Na época, os Purple People Eaters eram a linha defensiva mais temida da liga nacional de futebol americano, a NFL.

Carl era ponta defensivo; Alan, defensor maior. Juntos, me ensinaram a jogar xadrez. Tinham toda a paciência do mundo comigo e sempre fui grato a eles. Toda vez que minha banda tocava em Minneapolis, eu arrumava uma camisa do Minnesota Vikings e a vestia para o bis.

Eu era zoado por isso. As pessoas diziam: "Nós nem gostamos dos Vikings aqui em Minnesota!".

"Vocês nunca entenderão", eu retrucava.

E acho que não entenderiam mesmo. Era algo que eu trazia comigo de muito, muito tempo antes. Algo que significava tanto para mim que eu carregaria pelo resto da vida. Uma coisa de lealdade. Mas também ninguém entendia os traços pretos sob meus olhos. Eu poderia ter patenteado aqueles traços – eram parte do meu visual tanto quanto o raio era para o de David Bowie. Chamavam de pintura de guerra, mas nem uma única pessoa que conheci nos anos 1980 os associou ao futebol americano.

Também me recordo até hoje de um cara que vivia no segundo andar do complexo. Um senhor, veterano da Segunda Guerra Mundial, que passava o tempo todo numa cadeira com as pernas debaixo de um velho cobertor. Ele me intrigava pois era traqueostomizado – havia um buraco em sua garganta – e tinha uma aba que tremulava sobre esse buraco quando ele falava naquela voz frágil e rouca. Adorava me contar histórias da guerra, e eu adorava ouvi-las, hipnotizado por ele e por aquela aba tremulante. Assim como a velha senhora em Anthony, ele devia ser assustador para uma criança. Mas, assim como aquela velha senhora, era simplesmente fascinante.

Na época, eu não sabia que acabaria me tornando escritor ou que criaria personagens nas minhas canções, mas sabia que tinha fome de informação. Sabia que aquelas histórias eram úteis. Sabia que eram combustível.

Eram poemas e canções esperando e pedindo para ser escritos. E, quando de fato comecei a escrever, observava outros compositores e pensava "O que é isso que vocês estão fazendo? Qual é o objetivo de vocês, qual a razão de estarem vivos?". Cantando as mesmas coisas a respeito de nada: "Meu amor é uma rosa / e ela cresce"? Por que eles sequer se davam ao trabalho de escrever essas palavras? Eu sentia que tinha muito mais a dizer e, sempre que dizia, queria que soasse algo a sério.

Eu adorava cicatrizes. Traqueostomias. Ferimentos de guerra. Histórias de guerra. Tragédias. Corações partidos. Coisas que haviam de fato acontecido.

Penso da seguinte forma: meu trabalho, como compositor, é descrever o mundo como eu o vejo, não como eu gostaria que ele fosse. Vince Neil me disse certa vez: "Você menospreza as pessoas". Minha esposa me disse uma vez algo parecido: "Você menospreza as pessoas que nasceram em berço de ouro". Ela estava certa: eu de fato menosprezo essas pessoas. Menosprezo quão superficiais elas são. A forma como elas nem se dão conta de que o sofrimento existe. É como se a dor das outras pessoas não existisse.

Mas ela existe, sim, e você não pode se desligar dessa dor sem perder muitas coisas boas junto. Todas as linhas gravadas nas mãos e no rosto de uma pessoa de idade: cada uma dessas linhas conta uma história. Só de olhar para elas, de se permitir ver a beleza delas – isso já é metade do trabalho. Todas as esperanças, todos os medos, tudo o que as motiva ou talvez as faça desejar nunca terem existido – essas são coisas reais sobre as quais você pode escrever. Não são clichês, como rimar "amor" com "dor", mas objetos verdadeiros, rígidos, presentes no mundo real. São como tijolos. Clichês são nuvens. Não é divertido arremessar nuvens. Mas você pode arremessar tijolos numa janela – e é isso que uma canção de rock deve ser, algo que quebra janelas.

A melhor coisa a favor de Los Angeles era minha irmã Celia. Na época, Ceci era uma coisinha pequenina, com uma franja castanha e olhos grandes, e estava sempre grudada em mim. Eu era muito protetor em relação a ela, e não sei se isso está ligado a meus sentimentos por ter amado e perdido Lisa. Mas me arrependo por não ter podido passar muito tempo com elas. Morei em Los Angeles durante boa parte da minha vida. Porém, mesmo aqui no Wyoming, estou muito longe de Ceci, que passou a maior parte da vida em Seattle. Tenho sentimentos muito, muito profundos por ela. Mas ela acabou ficando com nossa mãe, e eu não. Com o tempo, ela passou a ter de cuidar da nossa mãe. Houve períodos em que eu só sabia o que minha mãe andava fazendo porque ligava para Ceci para ouvir as notícias. Não importava quão descarrilhada andasse minha vida – não importava quão absorto em mim mesmo eu estivesse –, eu sempre queria saber. Nunca deixei de sentir que a protegia.

Twin Falls

Eu tinha minha velha lancheira amassada comigo em Los Angeles – a levei comigo quando minha mãe me mandou morar com Nona e Tom de novo – e ainda a tenho até hoje. Recordo-me de colocá-la na mala junto com algumas roupas. Não tinha muito mais coisa para colocar na mala. Mas não havia nada de que eu precisasse que Nona e Tom não fossem capazes de prover.

Eles tinham ido parar em Pocatello, Idaho – uma pequena cidade construída em um antigo território da tribo Shoshone, a alguns quilômetros do rio Snake. Era um pouco parecida com El Paso: casas pequenas em terrenos pequenos com calçadas e muito tempo passado ao ar livre na minha bicicleta. Uma vala de drenagem corria por trás de todas as casas do nosso lado da rua, e eu me lembro de fazer uma rampa com algumas crianças da vizinhança. Pedalávamos descalços e saltávamos a vala, e um dia pousei bem na água e senti algo arranhar toda a sola do meu pé. Foi um machucado horrendo, cheio de cartilagem branca à mostra, e tive que levar pontos, mas foi mais uma aventura. Em Pocatello, as crianças só iam para casa quando o sol começava a se pôr. Você tinha uma bicicleta e seus amigos, ficava fora de casa o dia todo e, contanto que voltasse para o jantar, estava tudo bem.

Meu avô provavelmente trabalhava num posto de gasolina. Era esse o padrão. Ele não tinha as habilidades nem o currículo para uma vida de escritório. Tom nunca concluiu o ensino médio. Não tenho nem certeza se ele *chegou* ao ensino médio – ele me disse que abandonou a escola aos 14 anos e entrou para a Marinha Mercante. Não falava muito da família, mas, pelos pedaços que consegui juntar, soube que sua mãe o tratava horrivelmente mal. Seu pai foi embora e sua mãe dizia "Queria que você nunca tivesse nascido". Então ele teve a oportunidade de ver um bom tanto do mundo, se acostumou a mudar de um lugar para outro, de passar de um trabalho a outro, sempre tentando se manter à frente, sempre provendo para Nona e para mim.

Mais tarde, quando Tom já era velhinho, tive a oportunidade de retribuir a ele e o fiz. Tom era um cara orgulhoso. Não se importava com dinheiro. Porém, quando seu carro já estava nas últimas, ele me ligou e disse: "Vou comprar um daqueles Explosivos".

É como ele chamava um Ford Explorer – um "explosivo".

"OK, ótimo. Por que você não vai até a concessionária e dá uma olhada em um?"

"Ah, não vou gastar esse tanto de dinheiro!"

Uma vez, ele veio à nossa casa e disse a Courtney: "Sabe, eu não preciso morar num bairro chique".

Courtney foi pega de surpresa. Foi como se nossa casa fosse uma reprimenda para ele. Ela ficou se perguntando se ele se sentia magoado por não podido dar uma vida mais chique a mim e a Nona. Porém, não havia como eu amá-lo mais, mesmo se ele tivesse me criado num palácio. Onde eu teria acabado se não fosse pelos meus avós? Como seria minha versão da Marinha Mercante?

Não que isso seja relevante, mas acabei comprando o Explosivo para ele. Ele veio de Idaho em seu carro velho para nos visitar e, quando chegou, um Ford novinho em folha estava à sua espera na entrada da garagem.

"Ora, ora", disse Tom. "É um baita automóvel."

"Com certeza!"

"Então agora você tem um."

"Não", eu disse. "É seu."

Tenho uma tatuagem na perna desse momento: sou eu tirando uma foto com ele quando lhe dei as chaves. Um sorriso de orelha a orelha – ele ficou muito orgulhoso e adorou demais o carro. Poderia andar nele o dia todo, ele me disse, e dormir no banco traseiro à noite. Relembrei o momento em que minha mãe me disse "Nona

Twin Falls

e Tom roubaram você de mim". Se eu tivesse acreditado nela, teria ficado atordoado. Mas minha mãe poderia ter me dito que havia sido a primeira mulher estadunidense a ir para o espaço com a mesma facilidade. A verdade é que ela já tinha dificuldade demais em prover para si mesma e para Ceci.

Em seguida, fomos morar em Twin Falls, Idaho. Vivíamos em um sobrado branco, com uma antessala nos fundos e uma fornalha de carvão no centro. Uma das minhas tarefas era sair de manhã, pegar a carriola vermelha e dois baldes grandes e ir com eles até o depósito de carvão. Eu enchia os baldes de carvão, arrastava-os de volta até a casa, jogava na fornalha e acendia. A casa toda tremia e então o calor se espalhava, trazendo junto o cheiro de carvão queimado.

O quarto de Nona e Tom ficava no andar de cima. Eu dormia no quarto térreo, com um banheiro que tinha uma segunda porta que dava para a cozinha, onde Nona deixava um radinho que era uma coisa mágica. Fiquei obcecado por uma canção de Jimmy Dean chamada "Big Bad John" – alguns anos depois, Steve Martin baseou "King Tut", o famoso esquete do *Saturday Night Live*, nessa música. Eu ligava para a rádio e dizia: "Oi, sou o Frankie. Vocês poderiam tocar 'Big John', do Jimmy Dean?". Alguns minutos depois, eu ouvia a agulha baixar e a música começava. Era pura mágica. Quem eram essas pessoas para quem eu ligava? *Onde* estavam elas? De onde vinha aquela música estranha? Como havia sido feita? E quem a tinha feito?

Eu ligava de novo, logo em seguida, e dizia: "Alô, é o Frankie. Vocês poderiam tocar de novo a 'Big John', do Jimmy Dean?".

"Ah, agora não podemos. Acabamos de tocá-la!"

Mas eu ligava outra vez no dia seguinte, e então eles tocavam de novo.

Eu já havia ficado obcecado pelo rádio antes, quando minha mãe, Ceci e eu morávamos em Topanga Canyon.

Foi numa época em que nós três devíamos estar na pior. Minha mãe não conseguia manter um emprego, às vezes por culpa dela, às vezes não: se o chefe fosse um homem, ele certamente começaria a dar em cima dela mais cedo ou mais tarde e, se a chefe fosse uma mulher, haveria uma grande chance de essa chefe ver minha mãe como uma ameaça. Ela ainda era muito jovem e muito bonita. Não tinha educação formal, mas se comunicava bem e era carismática, e conseguia o cara que quisesse. Detesto dizer isso, mas foi antes da era do *#metoo*, e o verdadeiro emprego estável dela era pular de homem em homem. Alguns desses caras tinham casas legais, carros legais e sistemas de som legais, como o que tínhamos em Hollywood.

Mas Topanga Canyon era diferente. Ao contrário dos outros lugares onde tínhamos morado, lá havia outras crianças. Não fiquei chateado, mas achei estranho, até que descobri que essas crianças tinham um toca-discos. Era um daqueles antigos em que a agulha era acoplada à tampa e era preciso baixar a tampa para tocar. Lembro-me de fazer isso com um compacto de Alvin e os Esquilos, que eu adorava tanto que, por muitos e muitos anos, se alguém me perguntasse qual era meu número preferido, eu só dizia "45".

Porém, um dia, dei uma espiada no porão, onde as crianças mais velhas se reuniam. Havia um grande rádio antigo de console. Parecia uma grande jukebox ou uma TV sem tela, e estava virado de um jeito que eu pude ver as válvulas acesas dentro dele. O garoto mais velho fuçava nele e, depois de um tempo, o rádio ligou. O DJ estava falando e eu me perguntei: "De onde está vindo essa voz?".

Essa sensação permaneceu comigo ao longo dos anos, até o momento em que eu mesmo comecei a fazer rádio. Havia um contador de histórias dentro daquela caixa, e eu adorava ouvir histórias. Quando eu não gostava de onde estava, uma boa história poderia me levar para longe.

Twin Falls

A casa em Twin Falls também tinha um porão lotado de coisas que se revelaram fascinantes. Edições antigas da *Time* e da *Life*. Revistas de história. Livros com lombadas que se desfaziam feito pó quando tocadas. Era uma velha casa de fazenda que havia sido passada de geração em geração por cem anos, e aquele porão velho e mal-acabado parecia uma escavação de um sítio arqueológico. De certo modo, era mesmo.

Havia outra casa, a uns 900 metros da nossa, e as pessoas que moravam nela trabalhavam na fazenda em que nos encontrávamos. Compartilhávamos o depósito de carvão, mas a grama deles era suja e a nossa era bonita e verdinha. Nona e Tom não trabalhavam na fazenda, mas, de algum modo, ficaram com o lado melhor do negócio.

Na frente da casa tínhamos um curral. Dava para chegar na casa atravessando esse curral, passando por um portão de arame farpado como o que havia em El Paso. Você desprendia a dobra de arame farpado, passava, colocava a dobra de volta no poste e seguia por um caminho com ovelhas e cocô de ovelha por todo lado. A ovelha que adotei se chamava Candy. Um dia, cheguei da escola e ela estava deitada de lado, morta e inchada por causa do calor. Foi um negócio pesado – ajudar Tom a enterrá-la foi uma lição pesada sobre a vida e a morte.

Se eu atravessasse um segundo portão de arame, chegaria à nossa casa, passando pela porta dos fundos e a antessala – havia uma varanda na frente, mas nós nunca nos sentávamos nela. Sempre parecia haver muita coisa para fazer. Minha vó estendia o varal ao lado do depósito de carvão e eu tinha minha arma de pressão, meu estilingue, minha vara de pescar e meu cachorro, Barnaby – um labrador preto batizado de Barnaby Jones por causa do detetive da TV dos anos 1970.

Barnaby e eu estávamos sempre caçando ou pescando. Por uma estrada de terra que levava até a casa, havia um riacho e um fosso que devia ser alimentado pelo rio Snake, porque tinha trutas. Com a arminha, eu atirava em pardais nas árvores. Também caçava pássaros nos milharais. E então Tom me deu uma espingarda .410 – a de menor calibre. Para mim, com 13 anos, foi um negócio importante. Eu tinha um cachorro, uma espingarda e agora nós podíamos caçar patos e faisões para Nona cozinhar. Minha avó me dava uma fronha velha e me mandava colher aspargos, que cresciam por todo o fundo da fazenda. Eu ia de bicicleta, levava meu canivete e cortava os aspargos pela raiz, enchia a fronha e minha avó fazia creme de aspargos – uma de minhas sopas favoritas até hoje. Ela preparava uma tonelada e congelava. Estava sempre cozinhando e enlatando, e nós tínhamos freezers cheios de carne de alce, veado e pássaros caçados por Tom.

Não havia muitas crianças com quem eu pudesse brincar – as casas eram muito distantes entre si –, mas havia algumas, e nós íamos até os trilhos de trem que passavam por trás das fazendas. Colocávamos moedas nos trilhos e, quando voltávamos no dia seguinte, um trem teria passado por cima delas e as achatado. Eu pegava a furadeira de Tom, fazia um buraquinho, passava um cordão de couro por ele e usava a moeda pendurada no pescoço. Mas, na maior parte do tempo, me contentava em ficar sozinho em meus esconderijos. Onde o gado ficava na nossa terra havia vastos pastos com trilhas que levavam a grandes palheiros. Esvaziei um deles e coloquei um cobertor dentro. Era o meu clubinho, onde eu lia o catálogo da Sears, vendo as bicicletas de trilha e motos, imaginando pilotá-las.

Aos fins de semana, Tom e eu íamos caçar pássaros. Levávamos as armas até quando íamos pescar. Se víssemos um faisão no caminho, parávamos o carro, o matávamos, limpávamos, colocávamos no gelo e levávamos para casa junto com os peixes. Era a mesma lição simples que aprendi no Texas: você comia o que você matasse. E esse era o problema com os pardais: eu saía com a arma de pressão, atirava neles, e Tom dizia: "Se você não vai comê-los, não pode matá-los". Mas eu me via como um caçador. Atirava em todo tipo de pássaro, lagarto e cobra. Um dia, Tom estava no trabalho e Nona havia ido à cidade, e eu entrei no quarto deles e peguei a espingarda calibre 12 de Tom, que ele deixava escorada num canto, carregada.

Levei a arma até uma das árvores onde eu caçava pardais, a apoiei no ombro, olhei pelo cano, nivelei, mirei no meio da árvore e puxei o gatilho.

Voilà! Num piscar de olhos, eu tinha 50 pássaros, talvez mais, mortos a meus pés.

Voltei para casa, coloquei a arma de volta no canto em que ela vivia, peguei todos os pássaros e comecei a pendurá-los pelos pés no varal de Nona. Sabendo que você deve comer o que mata, peguei o machado com o qual cortávamos lenha e comecei a cortar a cabeça deles e a limpá-los.

Quando minha avó voltou com as compras, havia penas por todo lado. Cabeças de pássaros, vísceras de pássaros, pássaros pendurados pelos pés por toda a extensão do varal; me meti na maior encrenca da minha vida e, na época, não me pareceu justo. Limpar pássaros não é tão fácil. Primeiro, você tira as penas. Depois, você os corta de um determinado jeito e limpa as entranhas. Depois, corta os pés e a cabeça. Um pardal é tão pequeno que dá trabalho – e eu tentei fazer a coisa certa. Mas, no fim das contas, o motivo pelo qual Nona ficou tão aborrecida não foram apenas as vidas desperdiçadas de todos aqueles pássaros pequeninos. Naquela noite, ela me contou que, quando estava aprendendo a dirigir, um faisão bateu contra o para-brisa, despedaçou o vidro e pousou no colo dela. Desde então, ela tinha pavor de pássaros. E, é claro, Tom tinha seus próprios motivos para ficar bravo: afinal, além disso tudo, eu tinha pegado a arma dele sem permissão.

Hoje em dia, ninguém deixa uma arma carregada e destravada à mostra. Mas, na época, aprendíamos sobre segurança em relação a armas também. A primeira lição era: não toque na arma dos outros. Essa lição foi reafirmada para mim naquele dia de um jeito que garantiu que eu nunca a esquecesse.

Porém, a coisa mais memorável de Twin Falls – a melhor coisa da época em que passamos lá – foi o futebol americano. Já era o meu esporte favorito desde o Novo México, muito antes de eu conhecer Carl e Alan, os Purple People Eaters. Quando pequeno, eu jogava muito futebol na rua – muito *flag football* [4] – e agora tinha idade suficiente para entrar para um time de verdade. Quando fiquei sabendo dos testes, mal pude acreditar.

Eu era rápido e durão e me sentia confortável no campo. Entrei de primeira para o time. Às vezes, jogava como *tackle* no ataque, mas, na maior parte do tempo, era ponta defensivo – número 76. Era incrível desconcertar o *tackle* de ataque do outro time, dar a volta por fora e derrubar o *quarterback*: um golpe nas costelas com força total, o cara ia para o chão e não levantava.

Eu adorava aquilo. Me sentia em casa. "*Isso* é o que eu tenho que fazer", eu pensava.

Anos mais tarde, meu avô foi a um show do Mötley Crüe. Eu ateava fogo em mim mesmo e segurava um manequim por uma corrente que saía de sua cabeça. Antes do show, a gente tinha cortado a cabeça do manequim e colocado no pescoço dele um monte de camisinhas cheias de sangue falso. Na hora de tocar "A Piece of Your Action", nossos roadies levavam o manequim para o palco. Eu o pegava com a mão esquerda – enquanto descia a mão direita na corda "lá" solta – e Vince chegava com uma motosserra e o decapitava.

Nós dois ficávamos cobertos de sangue. Num lugar pequeno, era memorável. Depois do show, Tom me disse: "Você toca rock'n'roll exatamente como jogava futebol americano".

Na mosca. O futebol americano me dava a mesma sensação que tenho quando a banda manda "Shout at the Devil". Toco feito um

---

4. Esporte semelhante ao futebol americano, mas no qual os jogadores usam fitas amarradas na cintura – as *flags* – que os oponentes devem retirar. (N. do T.)

animal e tenho cicatrizes como prova. Se você me visse de perto, pessoalmente, perceberia logo de cara: sou tão destruído quanto qualquer veterano da NFL. Já fiz cirurgia em ambos os joelhos. Fraturei o tornozelo. Tenho um implante no quadril e quatro hérnias de disco nas costas, que constantemente tenho que aguentar e que em algum momento me levarão a ser operado. Meus dois ombros estão ferrados – do lado direito, precisaram tirar músculos das minhas costas e reconstruir os rotadores, mais uma coisa de que eu preciso cuidar todos os dias. Já distendi o bíceps, minha audição está prejudicada para sempre, e isso tudo é só uma parte da lista.

Os joelhos eu machuquei no palco ao saltar. O quadril foi por esforço repetitivo. Acontece que eu jogo meu peso para o lado esquerdo quando toco. Me apoio com força sobre o instrumento que estou tocando. Balanço para trás. Balanço para a frente.

O médico me disse: "Você desgastou seu quadril como um cara que trabalhou por 30 anos com aço em chão de fábrica".

Os ombros eu machuquei ao quebrar baixos no palco, como Pete Townshend quebrava suas guitarras. Estávamos nos preparando para abrir para os Stones, mas, algumas semanas antes do primeiro show, acordei e não conseguia mexer o braço direito de jeito nenhum. Eu vinha sentindo dores e o braço andava fraco, e eu deveria ter ido ao médico ver isso, mas era muito pior do que eu esperava. No hospital, eles disseram: "Desculpa aí, cara. Você precisa ser operado. Agora".

"De jeito nenhum. Estamos prestes a sair em turnê com a maior banda de rock do mundo. Não vou perder isso de jeito nenhum."

Consegui convencê-los.

"OK, vamos te dar cortisona para você aguentar o tranco. Mas, assim que tiver uma folga, voe direto para cá, porque, se os rotadores distenderem, eles vão virar elásticos. Não só vão atrofiar, como você vai começar a ter escarificação, já que não vai ter o fluxo de sangue de que precisa."

Concordei e recebi as injeções de cortisona para aguentar a dor. Porém, cientista nuclear que sou, imediatamente comecei a quebrar baixos com a mão *esquerda*. Então, agora, tenho dois ombros zoados – e, ao mesmo tempo, havia distendido o bíceps só pela força bruta de pegar um pedaço de madeira e quebrá-lo com toda a força no chão.

Por que eu não soltei os parafusos? Cortei os braços daqueles baixos? Mick e Keith poderiam ter me dito: esse negócio que fazemos é *show business* – não é um *reality show*.

Mas não me falaram nada, e eu provavelmente não teria ouvido se tivessem falado. O único nível de velocidade que eu tinha naquela época era "mais rápido".

Agora que estou mais velho e não quero ser mais devagar, preciso tomar muito mais cuidado. Saúde e boa forma, nutrição e quantidade de sono, além de exercícios – não só físicos mas também mentais –, agora são coisas reais para mim, porque há coisas reais que eu ainda quero fazer. Quando meus filhos quiserem ir até o rio Snake ou fazer uma trilha nas montanhas, quero estar lá. Quero ser capaz de acompanhá-los. Medicamentos não são uma opção para mim, mas a dor crônica também é um problema, e não só porque é um saco. A dor física torna mais difícil escrever poemas, escrever músicas – encontrar o lugar silencioso dentro de mim onde essas coisas acontecem. Tudo passa a precisar de uma batelada de manutenção. Você não acorda bonitão e sai para correr uma maratona só porque pode ou porque talvez tenha algo que provar. Agora você acorda parecendo que foi atropelado por um trem e precisa fazer ioga, alongar e rezar para conseguir atravessar metade do campo.

Mas ainda sou o cara que derruba o *quarterback* com tanta força que ele não levanta mais. Eu atravesso o campo *inteiro*.

A lealdade é superimportante para mim. Aprendi isso ao longo dos anos, às vezes de maneira dura, quando pessoas com quem eu me importava e em quem confiava foram desleais comigo. Mas o orgu-

Twin Falls

lho é igualmente importante. O respeito consigo mesmo. A lealdade a si mesmo. Foi o que aprendi em Twin Falls ao jogar na defesa. Ainda me lembro do meu uniforme, verde e branco, no cabide. Eu pendurava a calça primeiro, depois pendurava as chuteiras nela, depois as ombreiras e, por fim, a camisa, de forma que pudesse carregar o uniforme até em casa – porque o papel de Nona nisso tudo era se certificar de que ele voltasse impecavelmente limpo. Se você chegasse ao treino de uniforme sujo, tinha de fazer flexões, então eu levava o meu para casa todos os dias e passava o trajeto todo – os corredores, o ônibus, o curral na frente de casa – radiante de orgulho.

Tinha tanto orgulho daquele uniforme quanto tive no dia em que arranjei meu primeiro baixo.

E, mesmo assim, ninguém sacou que as faixas pretas debaixo dos meus olhos eram um aceno à época em que eu jogava futebol americano. Ninguém, exceto talvez pelos meus avós.

Jerome

Capítulo 6

Naquela época, Jerome tinha um semáforo no cruzamento da Main com a Lincoln, as ruas principais da cidade.

Era o único semáforo de Jerome, Idaho.

A Main Street cortava um parque onde todos os jovens se reuniam. De vez em quando, eu ia de bicicleta. Ao sul do parque, onde os moleques de cabelo comprido ficavam, eu sentia cheiro de maconha. Não sentia esse cheiro no ar desde que morara com minha mãe. Era o máximo de encrenca em que os jovens descolados podiam se meter, porque Jerome era pequena demais – não havia como evitar que todo mundo soubesse da vida de todo mundo –, e metade da população era da Igreja de Jesus Cristo dos Santos dos Últimos Dias. Aqueles mórmons eram gente de vida limpa e abstêmia. Não bebiam nem café.

Nona e Tom levavam uma vida sóbria também, mas não iam à igreja.

Tom colocava os pastores no mesmo balaio dos políticos. No que dependesse dele, eram todos canalhas, ou havia canalhas o suficiente entre eles para estragar a religião para todo mundo. Isso o tornava um caso à parte, só um pouco, numa cidade que também era cheia de presbiterianos, metodistas, batistas e nazarenos. Havia católicos também, que vinham para o verão. Os trabalhadores migrantes falavam espanhol e ficavam em casas térreas simples, divididas entre duas famílias, na periferia da cidade. No outono, quando a colheita acabava, seguiam para outro lugar.

Com exceção desses trabalhadores migrantes, Jerome era a cidade mais branca do mundo. Era a comunidade mais isolada que se pode imaginar, com no máximo um novo aluno por ano na escola.

Eu já havia me acostumado a ser o garoto novo, mas mesmo assim foi constrangedor. Tudo era constrangedor naquela idade. Pela primeira vez, comecei a me sentir desconfortável na minha própria pele. Fiquei convencido de que ficaria mais bonito se deixasse o cabelo crescer, mas Tom não queria saber desse papo. Se dependesse da vontade dos meus avós, eu passaria a vida toda com um corte de cabelo rente. Por fim, chegamos a um consenso em algo parecido com um corte tigelinha, com uma franja que chegava até os olhos, mas tenho certeza absoluta de que era um visual horrível. Ao olhar agora para a minha foto do álbum escolar, vejo que tenho razão.

E então, para coroar, comecei a usar óculos.

Hoje tenho óculos de leitura, óculos para longe e óculos para usar caso eu perca meus óculos antigos – o que acontece com mais frequência do que antes. Mas eu detestava *aqueles* óculos em especial porque tinham uma armação de metal que me fazia parecer um garoto que passava o tempo todo brincando trancado no quarto.

A boa notícia é que nos mudamos para Jerome no final do ano escolar. Tive alguns meses para me estabelecer antes de as aulas começarem. Com sorte, estaria jogando futebol americano no outono. Enquanto isso, tinha o verão inteiro pela frente.

Aqui no Wyoming, não seria uma boa ideia pular a cerca de alguém e ir caçar. Mas, no Idaho dos anos 1970, isso não era nada de mais. Tom e eu saíamos da cidade de carro e, se víssemos patos, codornas ou faisões, parávamos na beira da estrada, pulávamos a cerca e voltávamos com alguns pássaros. Fizemos muito disso no verão e no início do outono. Atirávamos em coelhos também e, em Jerome, não era preciso pagar por batatas. O cultivo de batatas era o grande negócio da época – embora os laticínios estivessem crescendo e por fim tenham dominado –, e os agricultores não aravam as beiradas dos campos. Qualquer um podia cavar livremente e encher um saco de batatas que duraria o inverno inteiro.

Tom também estava me ensinando a dirigir, no El Camino ou no Datsun 510 laranja de Nona. Nenhum de nós sabia disso, mas carros como o Datsun representavam um ponto de virada para o país. Os grandes carros estadunidenses estavam de saída. Em 1973, a crise do petróleo estava logo ali na esquina. Foi o ano de Watergate, de Roe vs. Wade[5] e o ano em que as últimas tropas estadunidenses deixaram o Vietnã. Os anos 1960 haviam terminado, a inflação estava alta, Nixon acabara de se reeleger e a crise do aço estava começando − era o início do fim da manufatura estadunidense. O lento fim de um certo modo de vida operário estadunidense. Mas 1973 também foi o ano do primeiro álbum dos New York Dolls.

Os New York Dolls são uma banda muito importante para mim. As roupas. A atitude.

Muita coisa moldou o Mötley Crüe: os primeiros álbuns do Aerosmith, Cheap Trick, Raspberries, Wings, Alice Cooper, Sex Pistols, Ramones. Os New York Dolls, porém, foram icônicos − a exuberância do "foda-se" deles. Eu modelava meu visual baseado em Johnny Thunders, tentando balancear entre ele e Mad Max. Era por isso que eu armava o cabelo: para tentar ao máximo me parecer com Thunders.

Porém, naquela época, eu não conhecia ninguém de fora de Nova York que soubesse quem era Johnny Thunders.

É um pouco como aquele ditado: "A História é escrita pelos vencedores". No rock'n'roll, a história é escrita pelos moleques universitários. Se você só lê o *Pitchfork*, talvez fique com a impressão de que tudo o que se ouvia nos anos 1970 eram bandas tipo Pere Ubu. Na verdade, todo mundo ouvia Pink Floyd, Bachman-Turner Overdrive, Rolling Stones, Led Zeppelin, Black Sabbath e Journey. Ouviam-se bandas

---

5. O caso Watergate foi um escândalo político nos EUA na década de 1970, envolvendo o então presidente Richard Nixon, que acabou renunciando; Roe vs. Wade refere-se a uma decisão histórica da Suprema Corte estadunidense em relação ao direito da mulher ao aborto. (N. do E.)

como Sweet, Slade, Deep Purple e Free (eu adorava muitas dessas bandas) e quase ninguém ouvia Pere Ubu. Ninguém em nenhum lugar em que morei tinha sequer *ouvido falar* em Pere Ubu. Demorou muito tempo para o mundo se atualizar, e hoje talvez ninguém se lembre de bandas como Cactus e Uriah Heep. Mas, se você quer saber qual era *mesmo* o som dos anos 1970, era o dessas bandas, do Steely Dan e muita disco music. Se você olhar os números de fato, até mesmo os Sex Pistols não tiveram nem de longe o impacto em tempo real que teriam mais adiante. (Exceto, talvez, na Inglaterra, que é louca por moda de um jeito que nosso país maior e mais desajeitado não é.)

Tudo isso estava acontecendo e tudo isso moldaria e alteraria a minha vida. Mas, aos 14 anos, eu me encontrava completamente alheio. Gostava do Datsun porque era mais fácil de dar zerinho do que o El Camino de Tom: pisar no acelerador, pisar na embreagem, girar. Eu também tinha uma bicicleta nova – uma com dez marchas e um velocímetro real, o que achava muito legal.

Porém, em algum nível, mesmo bem, bem no meio do mato, acho que eu sabia que as coisas estavam mudando. Sentia-me inquieto de um jeito como nunca me sentira antes. Em Anthony, eu era jovem demais para me dar conta da pequenez da cidade. Mas agora eu sabia que Jerome era pequena. Era idílica, mas algo ali me deixava bem desconfortável.

Na época, eu não teria sido capaz de articular isso – para Nona, Tom ou até para mim mesmo –, mas sabia que tinha de sair dali.

Uma grande parte disso tinha a ver com tio Don e com os discos que ele havia começado a me enviar. Mas outra parte tinha a ver com o fato de que eu sou um artista – e um artista é um pouco como alguém que nasce sem pele. Você sente tudo. Depois, ao crescer, você transforma sentir e interpretar o mundo em seu trabalho. Jackson Pollock fez isso basicamente mijando em cima das telas. Nós fizemos a mesma coisa com manequins, motosserras e camisinhas cheias de sangue falso.

O tio Don era casado com Sharon, irmã da minha mãe. Na adolescência, Don trabalhou na loja de discos de seu pai, em Santa Cruz. Um dia, um vendedor itinerante de discos perguntou a ele: "Você já pensou em trabalhar com vendas?".

Don não tinha pensado nisso, mas foi o que ele acabou fazendo para a Capitol Records. A Capitol tinha os Beatles. A Capitol tinha os Beach Boys. Don subiu rapidamente na hierarquia da gravadora, chegando à vice-presidência, até que, nos anos 1970, se tornou presidente. Mas, por mais ocupado que fosse, ele sempre tirava um tempo para me enviar pacotes cuidadosos: álbuns de artistas da Capitol, como John Lennon, Paul McCartney & Wings, Steve Miller Band, Bob Seger, Joe South e Sweet. Às vezes, enviava fitas cassete, às vezes, discos. Os discos eram melhores, porque eu podia perder horas a fio observando a arte e o encarte, que eu lia – e relia e relia – do começo ao fim.

Então *essa* era a aparência das bandas. *Assim* eram as letras impressas numa página. E, para gravar um álbum, eram necessários produtores, engenheiros de som, diretores de arte, designers, fotógrafos, tipógrafos, coloristas e impressores.

Eu adorava desenhar, adorava escrever e sempre fui capaz de me perder por horas em histórias que eu mesmo inventava. Agora, minhas histórias começavam a se parecer cada vez mais com letras de música. Nunca havia passado pela minha cabeça tocar um instrumento. Nunca tivemos um piano ou um violão em casa. Então eu não sabia o que fazer com aquelas histórias. Só sabia que, por alguma razão, eu sentia compulsão por escrevê-las.

Sentia também uma compulsão por comprar discos, porque, não importava quantos Don me mandasse, nunca era o bastante. Os discos custavam 5 ou 6 mangos – os da Capitol custavam 5,98 dólares –, e isso era bastante dinheiro numa época em que o salário mínimo era de menos de 2 dólares por hora. Eu saía para caçar minhocas, enchia caixas e mais caixas, e ia de porta em porta, pelo bairro todo, vendendo iscas. Foi assim que conheci Alan Weeks, que se tornou meu primeiro amigo em Jerome. Alan passou o verão de 1973 cortando grama e era isso que ele estava fazendo quando o conheci. Caminhava com minhas minhocas e acenei para ele; ele acenou de volta e, nessa idade, vínculos podem se formar muito rapidamente.

"Você gosta dos Eagles?"

"É possível não gostar dos Eagles?"

E foi assim que fiz meu primeiro amigo em Jerome.

Pedalávamos até o parque – era um circuito lento e certamente veríamos outros garotos no caminho – e íamos pescar no rio Snake. Naquela época, em Idaho, era possível obter uma carteira de motorista "provisória" aos 14 anos. Aos 15, era possível obter uma habilitação definitiva, mas aos 14 você já podia sair de carro. Tecnicamente, era preciso ter um adulto no banco do passageiro, mas ninguém em Jerome parecia se importar. De vez em quando, Nona nos deixava sair no Datsun. Fazíamos zerinhos à beira do Snake e, certa vez, quase fomos parar dentro do rio ao girar. Durante todo o caminho para casa, eu não conseguia parar de pensar em como teria de contar para Nona e Tom ou então fazer as malas, cair na estrada e sumir.

Jerome

Houve outra ocasião em que escapamos de um desastre por muito pouco. Uma senhora de idade morava na casa em frente à de Alan. Era viúva, e, se teve filhos, já eram adultos e não moravam mais lá, mas tinha um gramado grande onde nos deixava jogar futebol americano. Ela nos dava biscoitos e sempre foi simpática; pagava Alan para cortar a grama e me deixava cavar o quintal em busca de minhocas. Íamos à casa dela o tempo todo e, certa noite, bem tarde – já estava escuro, mas ainda estávamos treinando nossos arremessos –, Darrin, irmão do Alan, saiu da casa dos Weeks com uma arma de pressão.

Alan tinha dois irmãos mais novos – Tracey e Darrin, que deviam ter entre 7 e 8 anos. Tracey estava onde estávamos, brincando com seu carrinho sob a luz do poste, e Darrin estava descalço, de bermuda. Não usava camisa e levava a arma na cintura, como um caubói. Seja lá por que razão, ele decidiu atirar na lâmpada do poste.

Ele sacou a arma e acertou, logo no primeiro tiro. O moleque teria sido um grande caubói. Foi vidro para todo lado. Todos nós saímos correndo. Passei por cima do carrinho de Tracey e o amassei, e nós quatro entramos cambaleando na casa de Alan. Morrendo de medo de que a polícia viesse atrás de nós, nos escondemos em cantos diferentes.

Acho que a mãe de Alan, a sra. Weeks, não teria mentido para os policiais. Os Weeks eram membros bons e trabalhadores da Igreja de Jesus Cristo dos Santos dos Últimos Dias. O sr. Weeks trabalhava num posto de gasolina, assim como Tom. Lá, vendia caixas de minhocas para tentar ganhar uns centavos aqui, uns centavos ali. Ele deixava as caixas num sistema de "pague e leve", na confiança, e as minhocas do sr. Weeks sempre eram roubadas, provavelmente por alguns moleques da vizinhança (mas nunca, caso você esteja se perguntando, por mim). Ele insistia em vendê-las, ou em tentar vendê-las, porque a honestidade era algo simplesmente incutido nele. Ficava surpreso sempre que descobria que nem todo mundo tinha essa honestidade incutida.

Bem, estávamos quase nos acalmando quando a polícia chegou e bateu na porta. A sra. Weeks atendeu e a ouvimos dizer: "Darrin e

Tracey estão dormindo. Não sei onde Alan está, mas é bom que ele já esteja em casa para dormir".

Na verdade, Darrin e Tracey estavam escondidos no banheiro. A sra. Weeks não sabia disso, nós nunca contamos a ela e nunca fomos pegos. Mas talvez eu tenha me mantido longe da casa de Alan por uns dias depois disso, porque, da vez seguinte que fui até lá, todo o vidro quebrado havia sido varrido da rua e, quando olhei para cima, o poste estava consertado.

Jerome podia ser pequena, mas tinha um centro, com lojas como JCPenney, Western Auto, Dairy Queen e umas duas farmácias. A avó de Alan trabalhava na McCleary's, que tinha uma máquina de refrigerante bem antiga, com bancos redondos e um balcão em forma de lua crescente. Ela morava no andar de cima da loja e trabalhava como cozinheira nos fundos, assando tortas, e Alan e eu ficávamos por lá e tomávamos milkshakes.

A McCleary's era uma farmácia saída diretamente dos anos 1950. Vendia de tudo: roupas, ferramentas, revistas e livros baratos. Até discos. Comprei uma fita do Pink Floyd, *The Dark Side of the Moon*. Alan e eu ouvíamos "Money" sem parar num toca-fitas de pilha que podíamos levar para fora de casa. Eu sentia a linha de baixo dessa música num nível visceral. Por volta da mesma época, ouvi Deep Purple pela primeira vez – "Smoke on the Water" chegou pelas ondas do rádio de Nona certo dia – e "Saturday in the Park", do Chicago. Uns meses depois, eu estava fazendo alguma coisa no quarto e Nona me chamou: "Ei, Frankie, aquele cara que você gosta, o Peter Cooper, está na TV".

Eu entendi o que ela quis dizer. Eu não tinha nenhum álbum do Alice Cooper, mas estava interessado *no* Alice Cooper, então desci correndo até a sala da TV, que ficava num daqueles suportes pequenos que você pode arrastar – e ali, no *The Merv Griffin Show*, vislumbrei pela primeira vez Gene Simmons, do Kiss.

Não era o Alice Cooper. Mas Simmons também era interessante. Estava de figurino completo, todo paramentado, de maquiagem, botas enormes, com chifres diabólicos pontudos nas ombreiras, totalmente pronto para chocar.

"Você é um *morcego*?", perguntou Merv.

"Sim", rosnou Simmons. "Na verdade, eu sou o mal encarnado."

Em seguida, lançou um olhar malicioso para a plateia de Merv.

"E algumas dessas bochechas e pescoços são apetitosos", disse.

Ele então sibilou e mostrou a língua muito longa.

Foi bobo, exagerado demais, e a convidada sentada ao lado de Simmons – uma comediante mais velha chamada Totie Fields – revirava os olhos e não queria saber daquele papo.

"A sua mãe está nos assistindo hoje?", ela perguntou. "Não seria engraçado se, debaixo disso tudo, ele fosse apenas um bom garoto judeu?"

Você mesmo pode ver esse diálogo – está no YouTube, e é tão ridículo hoje quanto deve ter sido na época. Mas aí a banda toda entrou. Tocaram "Firehouse", e, mesmo que "Firehouse" seja uma releitura de "All Right Now", do Free, ainda é uma boa canção. De fato, não há o que dizer daquela progressão de acordes.

Foi muita informação para absorver. Eu não amava nem odiava o visual do Kiss. Nunca fiquei obcecado por eles como alguns de meus amigos ficaram. Para outros garotos da minha idade, o Kiss se tornou o equivalente dos anos 1970 dos Power Rangers. Tinham lancheiras do Kiss e, mais tarde, tatuagens do Kiss. Eu prestava mais atenção às composições do que qualquer outra coisa, e é engraçado: certa vez, dividimos uma turnê com o Kiss e tocávamos nossa música "Ten Seconds to Love". Eu estava tocando com tudo, o público ia à loucura e, de súbito, percebi: "Uou. Eu copiei essa música de 'Calling Dr. Love'!".

Era a mesma progressão de acordes, nós estávamos na mesma turnê e eu não tinha percebido quão profundamente eles haviam me influenciado. Mas lá estava eu, fazendo com o Kiss a mesma coisa que o Kiss tinha feito com o Free, sem nem perceber.

Até o Kiss e o Alice Cooper aparecerem, a música estava cada vez mais leve. Jim Croce, James Taylor, Bread. Eu adorava essas letras e melodias, mas as coisas mais pesadas que comecei a ouvir me empolgavam muito. Eu ouvia música cada vez mais alto em casa – e o volume começou a causar problemas, porque nossa casa era um trailer duplo.

Observar Tom juntar os dois trailers foi fascinante. Ele fez degraus e despejou cimento para criar uma entrada para os carros. Construiu uma pequena oficina e colocou uma cerca no quintal. Eu tinha uma casinha de cachorro para Barnaby. Nona tinha um jardim com frutas e legumes que ela gostava de cultivar. Era um lugar legal – os trailers eram brancos e Nona sempre se certificava de que estivessem imaculados, assim como nosso quintal. Mas não era grande. Tínhamos uma cozinha, uma sala, uma pequena lavanderia e dois quartos nos fundos, e as paredes entre esses quartos eram finas, então, sempre que eu aumentava o volume, Tom começava a gritar: "Frankie! Abaixe essa merda de comunista!".

Foi então que me dei conta: "Se eu arrumar uma namorada, não vou conseguir fazer muita coisa com ela aqui dentro".

Porém, quando *enfim* arrumei uma namorada, não foi nada assim.

O nome dela era Susie. Usava óculos com armação de metal, assim como eu, e tinha um sorriso doce. Seu pai a chamava de "Sulky Sue" ["Sue Rabugenta"] como provocação, mas ela não era nem um pouco rabugenta comigo, talvez só um pouco desajeitada. Mas eu também era um pouco tímido e desajeitado – e tudo bem, porque parecia que tínhamos todo o tempo do mundo para nos conhecermos.

Fazíamos isso em passeios até a Dairy Queen, que ficava no final da Main Street, e até os campos de beisebol, logo adiante. Era como uma pintura de Norman Rockwell ganhando vida, literalmente a Main Street, EUA. A mãe de Susie dirigia o ônibus escolar e o pai trabalhava na envasadora de leite. Eu falava a Susie de Nona e Tom, da minha irmã Celia e de como eu sentia falta dela, porque ela morava muito longe. Às vezes dávamos as mãos, talvez até nos beijássemos, e o mundo todo, de repente, parecia eletrificado, estonteante e maluco, embora, pensando bem agora, pareça comportado demais – e de fato era.

Jerome

O pai de Susie não frequentava nenhuma igreja. "Eu louvo a Deus no alto das montanhas", dizia ele, mas a mãe frequentava a Igreja do Nazareno. Às vezes, íamos com ela. Cantavam muitos hinos, mas não sei se tiveram muito impacto. O que mais me lembro é da timidez, minha e de Susie, enquanto ela se sentava ao meu lado no banco. Vergonha de ser visto em público com a minha "namorada". Mas também orgulho, porque a garota de quem eu gostava parecia gostar de mim.

Tanto Jerome quanto Twin Falls jazem no mesmo vale de Idaho – o Magic Valley. Uma vez por mês, todas as Igrejas do Nazareno do Magic Valley iam ao rinque de patinação de Twin Falls. Susie e eu íamos juntos, embora não soubéssemos patinar no gelo muito bem e, na maior parte do tempo, segurássemos na beirada. Íamos ao cinema também, na única sala que havia em Jerome, na Main Street, vizinha ao banco. Dávamos as mãos. Às vezes, íamos jogar boliche. E ouvíamos juntos o mesmo compacto o tempo todo: uma canção de Seals & Crofts chamada "Diamond Girl", que se tornou a nossa trilha sonora do verão.

Doze anos depois, quando estávamos gravando o terceiro álbum do Mötley Crüe, pensei em fazer algum cover que fosse bem legal. Tentamos "The Boys Are Back in Town", do Thin Lizzy – uma excelente canção, mas que não conseguimos fazer funcionar. Tentamos "Saturday Night's Alright for Fighting", do Elton John, mas essa também não soou muito boa para nós.

Então eu disse: "'Diamond Girl', de Seals & Crofts".

A banda toda retrucou: "Você está maluco. Nem parece uma canção de rock!".

Tocamos num ensaio. Os caras estavam certos – não ia funcionar como música do Mötley Crüe. Em vez disso, fizemos "Smokin' in the Boys Room", do Brownsville Station, e essa música, do mesmo ano de "Diamond Girl" (1973), foi o primeiro sucesso do Mötley no Top 40. Chegou até a terceira posição nas paradas. No entanto, às vezes me pergunto o que teria acontecido se eu tivesse batido o pé e insistido em "Diamond Girl".

Farmácia McCleary's
Capítulo 7

Por muito tempo, pareceu que aquele verão nunca ia terminar. Alan e eu passávamos o tempo ouvindo música, andando de bicicleta pela cidade e bebendo milkshakes na farmácia McCleary's. Porém, muito lentamente, as cores começaram a mudar. Quando os trabalhadores migrantes partiram dos arredores da cidade, as aulas já tinham voltado, e minha amizade com Susie e Alan começou a esfriar.

Àquela altura, eu havia ganhado algumas batalhas. Nona e Tom finalmente permitiram que eu deixasse o cabelo crescer. Estava chegando até os ombros, desgrenhado e quase loiro, porque eu passara todo o mês de agosto enxaguando-o com suco de limão e tomando sol para que ele descolorisse. Eu também tinha um casaco maneiro – um corta-vento azul listrado. E o melhor de tudo: eu tinha um uniforme de futebol americano da escola.

Pela forma como as escolas da cidade eram divididas, com o sétimo, oitavo e nono anos no ensino fundamental II e o décimo, décimo primeiro e décimo segundo anos no ensino médio, nós, do nono ano, éramos os reis do pedaço na minha escola. Então, apesar de novo na cidade, eu tinha um certo status. Usava cabelo comprido e ia à aula de camisa de futebol americano. Cada vez mais, tinha a sensação de que as garotas mais bonitas da sala estavam prestando atenção em mim. Não era tanto como se elas *gostassem* de mim ou agissem como se gostassem, mas não agiam como se eu não existisse. Quanto mais atenção elas me davam, menos eu dava a Susie.

Hoje, não sinto orgulho disso. Eu poderia ter sido mais legal com Alan, que estava apaixonado pela mesma *cheerleader* de que todo garoto da escola gostava.

Naquela época, o negócio dele era cantar. Ele cantava na igreja e sua mãe o levava a shows de talentos. Os mórmons tinham seu próprio circuito, e ele cantava "I'll Fly Away" e "Spread Your Tiny Wings". Às vezes, cantava para as velhinhas no clube da cidade. Na escola, fazia parte do coral, e Jill, a tal *cheerleader*, também.

Certo dia, ela olhou para ele, ou ele pensou que ela tinha olhado. "Você acha que a Jill gosta de mim?"

Alan não era um garoto feio. Tinha traços fortes, uma mandíbula que indicava muita personalidade – coisa que Alan tinha. Era um menino sério, estudioso, sensível e jogava futebol americano. Mas Alan não jogava como eu. Não parecia ter aquele instinto assassino.

"Não sei, Alan", respondi.

Eu poderia ter dito a ele que Jill era muita areia para seu caminhãozinho, mas ela também era para o meu. Era muita areia para o caminhão de *qualquer um*. Ela poderia muito bem ter sido modelo de passarela em Nova York – não pertencia a Jerome. Mas não desencorajei Alan de chamá-la para sair. Em vez disso, chamei-a para sair comigo, antes que ele tivesse a chance. Um dia, depois da aula, tomei coragem para abordá-la e disse: "Você quer ir ver *O exorcista*?".

Milagrosamente, ela aceitou.

Fiquei em êxtase. E aterrorizado. Passei duas horas na frente do espelho tentando ajeitar o cabelo. Tom me emprestou a velha caminhonete que comprara e, quando passei para buscar Jill em casa, o sorriso dela era tão largo e radiante que até me esqueci do meu próprio medo. Mas, pela maior parte do caminho, ainda estava mais nervoso do

Farmácia McCleary's

que nunca. A caminhonete tinha um banco inteiriço de couro sintético e eu imaginara Jill deslizando para mais perto de mim – e meu braço deslizando por cima dos ombros dela. Porém, ela ficou do lado do passageiro enquanto eu dirigia. Não consegui juntar a coragem de pegar na mão dela e, quando o filme começou, não tive coragem de beijá-la.

O que eu teria a perder? Havíamos ido até Twin Falls, porque de jeito nenhum *O exorcista* chegaria a Jerome. Era transgressor e assustador demais – e, se Jill gostasse mais de mim, tenho certeza de que ela acabaria no meu colo.

Porém, eu não saberia o que fazer se isso tivesse acontecido, e não aconteceu porque, também tenho certeza, Jill só foi àquele encontro por pena ou por uma combinação de pena e tédio – mesmo que àquela altura eu já tivesse dispensado os óculos (finalmente havia convencido Nona e Tom de que não precisava usá-los o tempo todo) e não fosse o garoto de 15 anos mais feio de Jerome.

De qualquer modo, não conversamos muito na volta para casa. Não paramos na Dairy Queen ou na McCleary's. Não nos beijamos. E, quando cheguei à escola na segunda-feira, não contei nada a Alan. Eu me senti culpado, mas não por muito tempo, porque já estava fazendo novos amigos.

Bubba, um dos poucos garotos mexicanos que vivia o ano inteiro na cidade, foi de quem me aproximei mais.

O nome dele era Mike Garcia, mas só o chamavam de "Bubba". Ele usava um corta-vento como o meu, mas roxo. Era grande: praticava luta-livre, fazia parte da nossa equipe de arremesso de peso e jogava no time de futebol americano, que era dividido de forma mais ou menos equilibrada entre pesos-pesados e pesos-leves. Alan era um peso-leve, embora fosse rápido o bastante para jogar com os pesos-pesados, se fosse preciso velocidade. Eu era magrinho, então também alternava. Já Bubba era tão grande quanto qualquer filho de fazendeiro – e Jerome tinha uns cabras bem corpulentos no time.

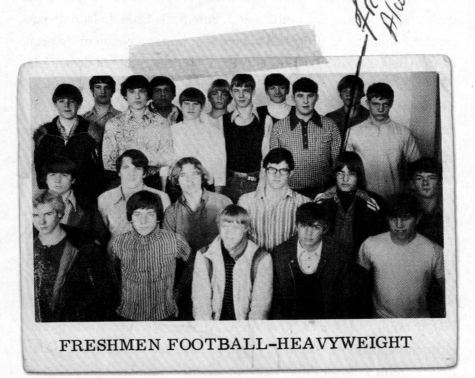

FRESHMEN FOOTBALL–HEAVYWEIGHT

* "Frank Always": Frank, sempre

Cada um de nós treinava pesado, empurrando trenós grandes e correndo em tiros até que caíssemos exaustos. A escola não perdia tempo com seletivas. Se você quisesse jogar, podia jogar, e, se não soubesse jogar, era destruído. Apanhava tanto que nem voltava mais. Aqueles que ficavam jogavam bem. Mas, regionalmente, éramos pequenos demais para competir com as cidades maiores. Num jogo em Twin Falls, joguei contra alguns dos garotos que tinha conhecido no ensino fundamental. Nona e Tom foram ver esse jogo e eu dei o meu melhor, porque Twin Falls inteira estava lá para torcer por seu time – todo mundo berrava –, e os Tigers contavam com apenas algumas famílias em sua

Farmácia McCleary's

torcida. Todo mundo no time deu o seu melhor, mas Twin Falls era tão maior e tinha tantos jogadores bons que acabou nos destruindo. O placar final foi algo do tipo 44 a 3, e eu andei até a caminhonete com Nona e Tom muito envergonhado. O futebol americano significava muito para mim. Como pudemos perder? Mas perdemos.

Jogamos em Wood River. Jogamos em Sun Valley e Bubba se machucou – hoje em dia, ele seria carregado de maca para fora do campo. Depois, foi minha vez de me machucar. Não sei contra quem estávamos jogando, mas me lembro de disparar até o ataque do outro time, dar a volta por fora e correr tão rápido que o *quarterback* arregalou os olhos e simplesmente largou a bola. Aproveitei a deixa e comecei a correr para a *end zone*. Tudo o que eu queria na vida naquele momento era fazer um *touchdown* – a descarga de adrenalina foi insana – e estava quase lá quando um jogador oponente veio correndo por trás de mim e me acertou bem na nuca.

O espaço entre o capacete e as ombreiras é o único lugar do corpo que fica verdadeiramente exposto. E essa foi uma das duas únicas vezes na vida em que me lembro de ser nocauteado de verdade. (A outra foi quando arremessei meu baixo bem alto e ele caiu na minha cabeça. Todo mundo surtou, tive uma concussão e tudo o que consegui pensar foi: "Isso já aconteceu antes".) Na época, Nona e Tom ficaram muito preocupados.

"Isso meio que assustou a sua avó", disse Tom.

Foi o jeito dele de dizer "Você assustou nós dois!". Porém, eles não me impediram de jogar e, se tivessem, não teria importado muito, já que a temporada foi curta.

Bubba era grande o bastante para ser escalado para o time principal do colégio. Levaram-no para o jogo estadual, o que gerou nele sentimentos conflitantes, porque ele tinha parado de cortar o cabelo, e o técnico, Ed Peterson, disse que, se ele não cortasse o cabelo antes de entrar no ônibus, não iria jogar.

Bubba foi para casa, cortou o cabelo de um jeito terrível e, quando entrou no ônibus, todos riram dele. Provavelmente não era muito divertido ser o único garoto mexicano no time. Mas ele deu sorte e jogou nos três últimos *downs* do jogo estadual. Estava puto o bastante naquele dia para causar algum dano – e puto o bastante depois para parar de andar com os garotos que riram dele.

Em vez disso, ele andava comigo. Juntos, começamos a nos meter em cada vez mais encrenca.

Passávamos muito tempo na ferrovia, caminhando, chutando cascalho, de bobeira. Depois, começamos a frequentar o lado sul do parque, onde os cabeludos – ou hippies, como ainda eram chamados – passavam o tempo.

Para nós, foi um experimento. Bubba estava com o corte de cabelo feito em casa e ainda éramos garotos certinhos e bem-comportados. Mas, em uma ou duas semanas, comecei a fumar maconha. Senti que precisava, porque estávamos indo a festas e, sem chapar, eu ficaria apavorado. A caminho delas, desviávamos por alguma viela. Eu acendia um baseado e Bubba esperava por mim – até que, em algum momento, ele também começou a fumar.

Havia bebida também, que afanávamos do Circle K. Bubba encobria, comprava refrigerante, distraía o caixa e eu saía pela porta dos fundos com uma jarra de vinho Boone's Farm. Voltávamos para a ferrovia e passávamos a tarde bebendo, fumando maconha e falando merda. Porém, a jarra de vinho também era um jeito certeiro de sermos bem recebidos nas festas. Na cidade, fora da cidade – aonde pudéssemos chegar; ficávamos sabendo e aparecíamos chapados e à procura de garotas. A festa que mais me marcou foi pequena: poucas pessoas, poucas garotas, numa casa detonada perto dos campos de

Farmácia McCleary's

beisebol. Eu estava fumando um baseado num canto e Bubba estava sentado na única cadeira que havia na sala, doidão de Boone's Farm. Era tão tímido quanto eu, mas estava em seu auge fisicamente – havia ganhado prêmios atléticos em três esportes diferentes –, e me lembro de uma das garotas chegar nele e dizer suavemente: "Não tenho onde sentar. Você se importa?".

E, num piscar de olhos, ela se sentou no colo de Bubba e colocou o braço sobre o ombro dele.

Pouco depois, Lee Chapman apareceu com um fardo de cerveja. Jackie Johnson estava no corredor com duas garotas chupando seu rosto. Todo tipo de gente começou a aparecer. A essa altura, eu já tinha arrumado minha própria garota, que estava enrolada em mim como um pão de cachorro-quente numa salsicha, mas Lee era um veterano, o macho-alfa. Abriu uma cerveja, virou-se e deu de cara com um sujeito mais velho – um pai solteiro baixinho, musculoso e trabalhador.

"E aí, amigo?", disse Lee, sem pestanejar. "Quer uma cerveja?"

"O que eu quero", disse o homem, "é que vocês saiam da porra da minha casa. Quem são vocês, porra? Quem é que disse que vocês poderiam vir aqui?"

A filha dele estava transando no quarto.

Bubba deu um pulo no ato. A garota no colo dele caiu no chão. Ele correu para fora da casa e seguiu até a ferrovia sem olhar para trás para ver se eu o havia seguido.

Eu saí correndo imediatamente também – e dei de cara com uma linha de varal. (Ainda tenho uma pequena cicatriz por causa disso, logo abaixo do nariz. Tom apontava para ela sempre que contava essa história aos meus filhos, coisa que ele adorava fazer.) Demorou um pouco até nos reencontrarmos na lavanderia na South Lincoln, mas enfim nos reencontramos, e alguns outros garotos também foram até lá. Sentaram-se sob a vitrine enquanto me esgueirei para dentro de uma das secadoras e tirei uma soneca de uma hora.

Quando acordei, não havia mais ninguém. De algum jeito, cheguei em casa, mas ainda estava bêbado. Não consegui colocar a chave na porta e caí da varanda bem em cima do cacto que Nona colocara ao lado dos degraus que levavam à porta.

Enfim consegui fazer a fechadura funcionar e andei, ou me rastejei, até meu quarto.

Quando dei por mim, ouvi uma batida na porta.

"Hora de acordar! Sua avó fez comida para você."

"Não estou com fome…"

"Não, não. Você vai tomar café da manhã. Ela preparou essa comida e você vai comer."

Não havia como não comer sem demonstrar desrespeito. Cambaleei até a cozinha, me sentei e Nona colocou dois ovos à minha frente. Não estavam com a gema mole, nem líquida. Estavam basicamente crus, e meus avós ficaram lá sentados para se certificar de que eu os comesse. Nona então disse: "Frankie, preciso que você vá até o mercado".

Mais uma vez, não consegui ver uma saída. Andei até o mercado, que não era exatamente perto, vomitando o caminho inteiro de ida e metade do caminho de volta.

Nona e Tom estavam tentando me dar uma lição, mas não conseguiram fazê-la colar. Enchi meu quarto de pôsteres e luz negra. Não tinha nenhum móvel – só um colchão no chão –, mas tinha um aparelho de som, e Bubba e eu nos sentávamos lá, de pernas cruzadas e chapados, para ouvir rock.

"Vou ser famoso", eu disse a ele certo dia.

"Ah, é?", perguntou Bubba. "Pelo quê? Balançar a cabeça? Fumar maconha?"

"Você vai ver."

Pequenos furtos em lojas se tornaram um hobby também. Eu roubava até da McCleary's, onde colocava fitas cassete dentro da calça ou saía escondido com um LP se percebesse que não havia ninguém olhando. Na maior parte do tempo, não havia. A população de Jerome se orgulhava de nunca precisar trancar a porta da frente. Eu nunca tinha ouvido falar de alguma coisa ter sido roubada da casa de alguém. Porém, como qualquer lugar, Jerome também tinha um lado obscuro. Ninguém fazia nada sujo em público, mas, na vida privada, tenho certeza de que todo tipo de coisa acontecia. E eu vislumbrei um lado odioso da cidade.

Durante o verão, peguei carona várias vezes com um garoto bem mais velho porque queria conferir a caminhonete dele, muito maneira – uma verdadeira *hot rod* dos anos 1950 que ele havia rebaixado. Um dia, na Lincoln, ele parou para dar carona para dois trabalhadores migrantes. Eles subiram na caçamba, o rapaz abriu uma cerveja e, uns três quilômetros depois, paramos para os trabalhadores descerem. Assim que eles se foram, o cara desembestou a falar. Simplesmente soltou o verbo para cima daqueles migrantes, xingando-os de coisas terríveis. Fiquei chocado. Só conseguia pensar em Bubba – em Bubba e em sua doce avó, que me chamava de hippie, mas me recebia muito bem em sua casa.

Mais tarde, fiquei sabendo que o garoto da caminhonete acabou preso. Já Bubba e eu nunca vimos nem fizemos nada que passasse de pequenos delitos.

Um dia, na McCleary's, eu disse a ele: "Fique parado ali".

"O que você está fazendo?"

"Não, *ali*."

"Por quê?"

"Bubba, não se preocupe."

Naquele dia, saí da farmácia com oito ou nove discos – de longe, o meu maior lote. Não sabia o que era metade deles e nem me importava. Essa não era mais a questão. A questão era a emoção do furto e de não ser pego. E Bubba era uma daquelas pessoas que ouvia qualquer coisa. Ao olhar para ele, você não pensaria que ele gostava de Conway Twitty e Loretta Lynn, mas ele gostava. Gostava da música "Rose Garden", dueto dos dois. Gostava de country e de qualquer coisa mais raiz. Gostava até de jazz. Aprendi muito com a forma como Bubba ouvia música e, quando me mudei para Los Angeles e comecei a trabalhar em lojas de discos, fui pelo mesmo caminho. Colocava para tocar tanto ABBA quanto AC/DC. Ia de Herbie Hancock a Generation X. Eu não *amava* todas essas coisas, mas aprendia com elas. Aprendi que era bom ver o que outras pessoas tinham a dizer e todos os jeitos que elas tinham bolado para dizê-lo.

Porém, naquele dia na McCleary's, nem parei para ver quais discos eu tinha roubado. Só me agachei na viela e os escondi para buscá-los dali um tempinho. E busquei mesmo. No dia seguinte, Bubba me contou que um garoto que conhecíamos – o garoto mais certinho e mais temente a Deus, na opinião de nós dois – havia dito a ele: "Eu vi o que vocês fizeram. Você e Frankie, vocês roubaram um monte de discos, e eu ia roubá-los de vocês. Mas, quando saí do trabalho, eles já tinham sumido".

E não é que até os mórmons sujavam as mãos?

Nona e Tom não eram alheios a isso, mas havia um limite do que eles podiam fazer. Comecei a sair escondido pela janela do quarto e a voltar para casa de madrugada. Depois de me pegar umas duas ou três vezes, Tom pregou uma tábua na janela. Mesmo assim, descobri outros jeitos de sair. Relembrando agora, me pergunto se, àquela altura, eu queria de fato ser pego, porque algumas das coisas que fiz em Jerome parecem inacreditavelmente idiotas. Certa vez, numa fazenda, um garoto mais velho me ensinou como inalar gasolina de um trator: enfie uma mangueira, inale os vapores e segure-os nos pulmões pelo máximo de tempo que conseguir. Ao expirar, você vê pássaros, vê estrelas – fica completamente maluco.

Era inacreditavelmente idiota, mas aí consegui minha própria mangueira. Ao caminhar pela Main Street com Bubba, eu parava e cheirava a gasolina dos carros estacionados. Bubba dizia: "Frankie, cara. O que você está fazendo? Vai me meter em encrenca!".

"Foda-se", eu retrucava. Era destemido. Porém, o ponto de ruptura foi quando levei Bubba na pequena oficina que Tom construíra na entrada da garagem e nós dois ficamos incrivelmente chapados. Foi algo muito desrespeitoso com Tom e Nona. Fui tão preguiçoso que nem me dei ao trabalho de ir até a ferrovia. Estava procurando encrenca e consegui, porque nós fomos pegos. Tom mandou Bubba para casa. Fiquei com raiva e fui até a ferrovia sozinho para esfriar a cabeça. Mas, mais tarde naquela noite, Nona, Tom e eu tivemos uma conversa difícil – cujo desfecho foi que acabei indo morar com minha irmã e minha mãe em Seattle, Washington.

* "Frank – I don't claim this picture": Frank – eu não reconheço esta foto

Seattle

Capítulo 8

Idaho era o estado vizinho – Seattle ficava a um longo dia de viagem de carro de Jerome –, mas eu poderia muito bem ter pousado em Marte. Seattle era uma cidade de verdade, cheia de lojas de discos e de instrumentos musicais, brechós e livrarias. Tinha uma arena onde todas as grandes bandas tocavam. Surpreendentemente, era possível vê-las por cinco ou seis mangos. Em Seattle, vi o Led Zeppelin pela primeira vez: tinha uma bandeira com o nome da banda no palco. Quando tocaram a última música, "Black Dog", a bandeira pegou fogo, e aquilo me causou uma impressão duradoura. Vi o Deep Purple, cujo álbum *Burn* tinha acabado de sair. Ritchie Blackmore era meu guitarrista favorito. Ele destruiu a guitarra no final do show, pegou bem pesado, quicou-a no chão algumas vezes, colocou uma perna no retorno e quebrou o instrumento no joelho. Fez um som lento, ruidoso e excelente, foi brutal.

Vi o T. Rex no Paramount Theatre, que hoje é um palácio, mas que, naquela época, era extremamente encardido. O carpete era todo rasgado, os assentos eram desconfortáveis e o salão cheirava a mijo. O Paramount só tinha um segurança, chamado Tiny, que de *"tiny"* ["minúsculo"] não tinha nada; tinha uns 2,10 metros e parecia o André the Giant. Já Marc Bolan era de fato minúsculo, e o público ficou bem maluco, mas Tiny poderia ter segurado aquela gente toda sozinho.

Vi o Kiss no Paramount também, abrindo para o Savoy Brown. Lá pela metade do show, Gene Simmons tropeçou no cabo e caiu de costas com tudo. Continuou a tocar, mexendo as pernas no ar como um besouro – os roadies tiveram de correr para levantá-lo –, mas a banda foi incrível. Eu nunca havia ouvido nada tão alto, volume puro. Era como se aproximar demais de um Boeing, algo que você sentia no peito. A adrenalina durava por horas, depois eu voltava para casa e batia boca com a minha mãe.

Ela tinha ido morar com um homem chamado Ramon, que trabalhava na Universidade de Washington, mas passava o tempo todo fora de casa, montando algum tipo de escola no México. Ramon também lecionava na prisão estadual na McNeil Island. Então, na maior parte do tempo, éramos de novo apenas eu, Ceci e minha mãe, como era em Los Angeles.

Minha irmã estava agora com 9 anos e vivia colada em mim. O que significava que, numa frequência diária, ela se via no meio das discussões que eu tinha com minha mãe – e, a essa altura, nós discutíamos instintivamente. Só agora, olhando para trás, é que posso dizer que eu estava com raiva e prestes a perder o controle, e que minha mãe estava ressentida e provavelmente se sentia culpada por não ter ela mesma me criado. Na época, eu só me sentia uma bagunça lamentável. Toda hora mandava minha mãe se danar e saía de casa por horas – e, mais tarde, por dias.

Como as aulas do décimo ano já tinham começado, havia sofás de sobra em que eu pudesse dormir. No primeiro dia de aula, nos degraus impressionantemente grandes da Roosevelt High School, conheci Linda, uma garota deslumbrante, de cabelos pretos perfeitos, que ela repartia do lado esquerdo, de modo que o direito pendesse como uma cortina sobre seu olho. Era um visual sexy. Linda era muito bonita, muito bem torneada e muito extrovertida, e nós havíamos começado uma conversa interessante quando seu namorado, Rick, chegou e me lembrou (como faria várias vezes nas semanas e meses seguintes) que ela também era muito comprometida.

Seattle

Porém, ao final daquele dia, Rick Van Zandt já tinha se tornado meu melhor amigo em Seattle.

Rick era bem alto – era uns cinco ou sete centímetros mais alto do que eu, e eu já tinha passado de 1,80 metro. O cabelo dele também era preto e de um comprimento incomum. Naquela época, todo mundo havia deixado o cabelo crescer um pouco: padres, políticos, âncoras de TV. Mas cabelo comprido *mesmo*, abaixo da linha dos ombros, ou te denunciavam como hippie, ainda parado nos anos 1960, ou te destacavam como alguém à frente de seu tempo. A Roosevelt High School tinha todas as turmas que você esperaria encontrar numa escola grande – os nerds, os atletas, os *greasers*[6] e os loucos por carros que passavam o tempo todo na oficina da escola –, mas não havia mais do que dez caras com cabelo que passasse dos ombros.

Melhor ainda, Rick tocava guitarra. Tinha um dom natural e tocava desde criança. Para um garoto do décimo ano, tocava extremamente bem. Tinha uma Fender Stratocaster 1962, branca como a que Jimi Hendrix tocou em Woodstock, e um Ampeg V-4, que era o equivalente a um *stack* da Marshall de 100 watts. Pude ouvi-lo já naquele primeiro dia, porque a banda de Rick tocava quase todos os dias depois da aula, e ele fez questão de me convidar.

Estava no meu habitat natural. Sentia que tinha encontrado a minha galera.

Minha mãe e Ramon moravam a alguns quilômetros da escola. Eu tinha de pegar dois ônibus para chegar à 12th Avenue, onde ficava a Roosevelt. Já Rick morava a alguns minutos de distância, na 19th, numa casa enorme, da virada para o século 20, que ficava no topo de um talude alto e íngreme. Na garagem, uma porta deslizante de alumínio se abria para um túnel, que seguia pelo subsolo e levava ao porão. Era como entrar na caverna de Ali Babá: um cômodo amplo e sem janelas, com cadeiras e sofás, carpete pregado por Rick nas paredes e todo o equipamento da banda.

---

6. Subcultura de jovens da classe trabalhadora que emergiu principalmente nas décadas de 1950 e 1960, retratada, por exemplo, em filmes como *Grease* e *Vidas sem rumo*. (N. do T.)

A banda se chamava Oz – ou talvez, àquela altura, já tivessem mudado de nome para Pizazz, para deixar mais *glam*. O baterista, Sam Henriot, era filho de uma atriz chamada Zoaunne LeRoy. Ele tinha acabado de aparecer num filme feito para a TV estrelado por Sam Waterston e Tuesday Weld, *Reflections of Murder*, e recebera um papel com falas. Com o dinheiro que ganhou, Sam comprou uma bateria de bumbo duplo enorme, com um jogo completo de pratos, que tomava muito espaço no porão e soava tão grande quanto parecia. O segundo guitarrista da banda, Joel Reeves, morava do outro lado da rua. Tocava uma Univox, cópia da Les Paul, e tinha um Ampeg V-4 como o de Rick – ambos se garantiam em termos de volume, mesmo quando Sam descia o braço na bateria. Eles também haviam montado um sistema de iluminação: luzes coloridas acionadas por um pedal que inundavam a sala em momentos dramáticos.

Com 10 ou 12 pessoas naquele porão, o visual, a sensação e o som eram de um verdadeiro show de rock.

Entretanto, faltavam algumas coisas ao Oz. Não tinham um vocalista, então só tocavam músicas instrumentais. Isso resultava num certo excesso de improvisos e solos, mas não era um grande problema, porque, para manter o público interessado, Rick e os caras juntavam as melhores partes de diferentes músicas em grandes *medleys*. Iam de Alice Cooper, ZZ Top, Blue Öyster Cult, Queen e Deep Purple a uma porção de músicas do Aerosmith e talvez um pouco de Zeppelin antes de terminar com o *grand finale*, "Rock Bottom", do UFO. Eram bons o bastante para fazer funcionar, mas ainda faltava alguma coisa. Eu os estudava – prestando mais atenção em Rick e Joel do que jamais prestei nos meus professores – e pensava: "Eles não têm baixista. Eles *precisam* de um baixista. Se eu tivesse um baixo, faria parte dessa banda".

––––––––––

Ramon tinha um violão velho e surrado com três cordas. Nunca tocava, e eu nunca perguntei se podia tocar, embora nós nos déssemos bem na

Seattle

maior parte do tempo, até mesmo quando minha mãe e eu brigávamos – ela o mandava até o meu quarto para me dar um corretivo, mas Ramon só ficava parado no vão da porta, e eu ficava sentado no colchão no chão. Eu passava o tempo todo ouvindo música ou escrevendo num dos meus cadernos e, em vez de me dar bronca, Ramon me perguntava o que eu estava escrevendo ou me falava como fora seu dia. Às vezes, ele conseguia me convencer a sair do quarto. Eu tinha uma paixão por música e ele tinha um aparelho de som com alto-falantes enormes. Sempre ouvia música latina na sala, Motown, Sly and the Family Stone. Minha mãe fumava haxixe, dançava e cozinhava *menudo*. "Isso é irado em comparação ao velho e chato Idaho", eu pensava.

Mais cedo ou mais tarde, porém, as coisas desandaram. Com Ramon por perto, minha mãe era OK. Sem homem por perto, ela parecia perdida. Bebia. Fumava três maços de cigarro por dia. Simplesmente parecia não saber o que fazer consigo mesma. Depois de uns dois drinques, parecia feliz. Ria. Brincava. Mas, depois de três drinques, se transformava. Ficava raivosa. Começava a chorar. Às vezes, descontava em Ramon. Minha mãe sabia ser sarcástica, sabia ser cruel e estudar as pessoas. Não era burra. Sabia onde enfiar a faca. Ela e Ramon saíam para jantar, iam dançar, mas, ao final da noite, haveria lágrimas. Minha impressão de Ramon era que ele a amava de verdade, e a Ceci também. Era um homem trabalhador e disciplinado e, embora minha mãe tenha acabado por afastá-lo, sei que ele foi uma parte crucial da infância de Ceci. Ramon não era meu pai e não tentava agir como se fosse. Nós não brigávamos como eu brigava com minha mãe.

Ela estava sempre à procura de algo. Sempre buscando. Sempre desejando. Ramon também era ambicioso, do jeito dele – deve ter sido, com todas as coisas que construía e fazia. Mas, ao contrário da minha mãe, Ramon estava em paz consigo mesmo. Era centrado, e isso lhe permitia ser mais generoso com aqueles a seu redor. Certo dia, depois da aula, ele bateu na porta do meu quarto e me deu seu violão surrado.

Por isso, sou eternamente grato a ele. Esse violão foi o meu primeiro instrumento e virou toda a minha vida de ponta-cabeça.

Adolescência desolada
Capítulo 9

Ramon me mostrou onde colocar os dedos: mão esquerda na escala, dedilhar as cordas com a direita. Não era tão complicado assim. Eu não sabia o que era um acorde, mas, de qualquer forma, como eu poderia tocar acordes se faltava metade das cordas? Tudo o que eu precisava saber àquela altura era como pressionar uma corda numa casa com os dedos da mão esquerda e tocar.

Era uma nota.

Passe para outra casa, toque.

Era uma segunda nota. Duas notas juntas faziam uma melodia.

Era simples, mas não era chato. De fato, eu estava fazendo o instrumento funcionar. Perdia-me nele por longos períodos, dedilhando "Smoke on the Water", tocando as mesmas notas que Ritchie Blackmore havia tocado. Porém, me empolguei de verdade quando tentei ler palavras que eu havia escrito junto com a música. Logo de cara, os poemas que eu vinha escrevendo se consolidaram. Ganharam forma. Sempre me senti compelido a escrever anotações e histórias: se visse uma briga no parque ou uma colisão entre dois carros ou um trailer capotado, ia para casa, me trancava no quarto e escrevia sobre o que tinha visto. Ali, no entanto, eu sentia que seria capaz de *contar* minhas histórias. Musicadas, elas faziam muito mais sentido e tinham cinco vezes mais força.

Eu não sabia o que estava fazendo, mas não era muito diferente do que fiz mais tarde com canções como "Primal Scream" ou "Kickstart My Heart". As canções que escrevo ainda são simples: poucas notas e algumas palavras que contam uma história real. "Primal Scream" é sobre minha família. "Kickstart My Heart" é sobre uma overdose: "When I get high I get on speed / Top fuel funny car's a drug for me".[7] Só esses versos já matam o potencial da música como single. Por causa deles, essa música nunca seria tocada no rádio naquela época. Mas "Kickstart My Heart" nem é uma música sobre drogas. Para mim, é uma canção de redenção, meu jeito de dizer "agora que estou sóbrio, há outros jeitos de chapar".

Foi em Seattle que me dei conta de que escrever músicas – tentar escrever músicas – dava um barato diferente. Um barato melhor, em alguns aspectos. Mais duradouro. Um barato que no dia seguinte ainda fazia com que eu me sentisse bem.

———

"Você tem pegada", Rick me disse depois que eu já vinha brincando com o violão havia umas duas semanas. Estávamos na casa dele e ele me deixara dedilhar algumas notas na Stratocaster.

"Muita gente não tem, por mais que você tente ensinar, não dá liga. Mas você parece confortável com esse negócio."

Rick me mostrou alguns truques. "Não coloque os dedos aí. Faça isso aqui. Deslize entre as duas notas. Viu? Isso é um riff."

Deslizar entre duas notas parecia uma coisa que um baixista faria, mas fazê-la não me tornava um baixista de verdade. Ser um baixista significava ter um baixo e, para ter um baixo, eu precisava de dinheiro de verdade.

---

7. "Quando chapo, chapo de velocidade / Carros de corrida são uma droga para mim." *Speed* tem duplo sentido: além do literal, "velocidade", é uma gíria para anfetamina; *top fuel* e *funny car* são dois tipos de *dragster* – carro de corrida de arrancada. (N. do T.)

Adolescência desolada

Eu ia até a casa do Rick pela manhã e o acompanhava em sua rota de entrega de jornais. Comecei a conferir se os carros estacionados pelo caminho estavam trancados. Se não estivessem, eu abria as portas, embolsava os trocados que houvesse neles e dava uma geral nos porta-luvas para ver se havia algo que eu pudesse roubar.

Em pouco tempo, passei a fazer invasões leves e verificava se as portas das casas estavam trancadas. O máximo que consegui roubar foi um pequeno aparelho de som que guardei na minha bolsa de carteiro. Rick já estava algumas casas à frente. Quando se virou e me viu, com metade do som para fora da bolsa, arregalou os olhos como se eu fosse maluco. Foi o fim dessa fase na minha carreira no crime.

No entanto, eu ganhava mais dinheiro na escola. Nos fundos, eu abria a capa dupla de *Diamond Dogs* no colo e enrolava baseados para meus colegas por 25 centavos a unidade. Tinha dedos rápidos e conseguia enrolar 10 ou 12 nos poucos minutos entre um sinal e outro. Porém, por mais rápido que eu fosse, aquelas moedas não seriam suficientes para comprar um baixo.

Os psicodélicos estavam em alta naquela época e todo mundo na escola começou a falar em LSD. Primeiro, eram rumores; depois, de repente, a coisa de verdade chegou a todo lugar. O ácido se abateu sobre a escola como uma onda. O lote que conseguimos se chamava Four-Way Windowpane.[8] Era preciso dividir um quadrado em quatro, mas eu nunca tinha visto ácido e achava que um quadrado era uma dose, não quatro.

Não foi uma experiência boa. Eu não chamaria exatamente de *bad trip*. Diria que alterou minha mente. Acho que nunca mais vi minhas mãos, as nuvens, uma árvore, a grama ou as montanhas ou ouvi minha voz do mesmo jeito. Sempre me senti como um fio desencapado:

---

8. Algo como "janela de quatro folhas". (N. do E.)

extremamente desperto e alerta. Na juventude, eu via isso como paixão e a atribuía ao meu pai e às minhas origens italianas. Mais tarde, só vi o lado negativo: todos os momentos em que fui sensível demais. Se você me irritasse, o fogo – a raiva – vinha à tona. Hoje vejo como uma faca de dois gumes: sou bom em ler as pessoas, em sacar qualquer situação e tenho muita consciência daquilo que me cerca. No meu ramo, é meio que um superpoder. O problema é que não há como desligá-lo.

Essa foi a sensação da viagem de ácido. De início, foi ótimo, parecia visão de raio X. Depois, você começa a ver debaixo da pele, os músculos e os ossos e o que há de podre por baixo. É assustador e não se pode desligar. Porém, isso não impediu que eu tomasse mais ácido. A curto prazo, isso só reforçou minha crença de que as coisas que eu via e sentia mereciam ser escritas e cantadas. Dobrou minha determinação em conseguir um baixo.

Bolei um plano. Comecei a vender maconha para tirar um troco. Parecia uma progressão natural depois de enrolar baseados e, se eu enrolasse baseados individuais previamente em vez de vender em gramas, poderia dobrar meu lucro.

Então, por meio de outro traficante, consegui um bom tanto de mescalina, que veio na forma de um pó de coloração branca suja, como um tom mais claro de cacau. Isso me deu a ideia de misturá-la com achocolatado e vender na escola. "Mescalina Chocolate" foi a marca que inventei para esse negócio de arrebentar. O lado empreendedor da minha personalidade estava completamente engatado. Rick e eu compramos Contac, um remédio para resfriado que vinha em cápsulas de liberação longa – esvaziadas por nós. Usando uma lâmina de barbear, dividimos a mescalina com achocolatado Hershey's e enchemos as cápsulas. Meu plano era que eu mesmo determinasse o preço: não era fácil conseguir mescalina na nossa escola. Porém, meu controle de qualidade não foi o que poderia ter sido. Alguns dos colegas para quem vendi não sentiram nada. Outros ficaram levemente insanos.

Adolescência desolada

Nunca fui pego. Poderiam ter me dedurado, mas antes que isso acontecesse fui expulso da escola por uma infração menor. Estava no meu lugar de sempre, com a capa dupla de *Diamond Dogs* no colo, enrolando baseados. Estava tão absorto no meu trabalho que não vi os outros alunos se dispersarem. Continuei a enrolar, mesmo depois de sentir a mão do vice-diretor no meu ombro.

Nem olhei para cima. Sabia que estava ferrado. No entanto, não achei que foi justo da parte da escola me suspender por *semanas*. Talvez estivessem contentes por se livrar de mim. A caminho de casa, me sentei debaixo da ponte da 20th Avenue, fumei um baseado e disse a mim mesmo que não voltaria.

Naquela noite, minha mãe e eu tivemos nossa pior discussão até então. Eu disse a ela que a maconha nem era minha.

Era verdade! Eu vendia drogas, mas não fui pego por vender drogas. Além disso, não era como se eu usasse drogas e ela não. Ela usava e eu sabia, porque havia roubado as drogas dela. E eu não bebia uma garrafa de vodca toda noite – levaria mais alguns anos até chegar a esse ponto. No geral, ainda era um garoto inocente. Já fazia sexo e ficava muito louco, mas ambos eram desenvolvimentos recentes. Não bebia muito. Não fumava. Todo mundo fumava cigarros, mas eu não.

Minha mãe não pegou essa linha de raciocínio. Ela já devia saber que eu não ia muito bem na escola. Na aula, minha atenção se desviava. Estava sempre rabiscando, pensando em música, escrevendo pequenos parágrafos, citações, aforismos. Porém, quando contei à minha mãe que não voltaria para a escola, ela começou a gritar comigo. Gritei de volta, Ceci começou a chorar e eu fui para a casa de um amigo – uma parte da história que o filme do Mötley Crüe mostra de forma vaga, então eis a verdade: no filme, pego uma faca e faço um corte no braço. Quando a polícia chega, digo que minha mãe me esfaqueou.

Na vida real, saí de casa e, antes de ir embora, joguei um tijolo na janela da sala. "Até mais! Aqui vai um presente de despedida."

Minha mãe saiu correndo atrás de mim na rua, gritando que ia chamar a polícia. Fui para a casa de um amigo, peguei uma faca e enfiei no braço.

"Que porra é essa? Você está maluco?", disse meu amigo.

"Me dá logo o telefone."

Foi aí que chamei a polícia e disse que minha mãe havia me cortado com uma faca. Vi isso como um ataque preventivo. Porém, quando a polícia chegou – se é que chegou à casa do meu amigo ou à da minha mãe –, eu já não estava presente para falar com os agentes.

Dormi no sofá no porão de Rick. Não achamos que os pais dele fossem se importar – tinham seis filhos, então a casa já era uma loucura. No entanto, quando a mãe de Rick apareceu no alto da escada para me dizer que, sim, ela se importava, atravessei a rua e fui dormir na casa de Joel. Dormi também na casa de Sam e na de Linda – a mãe dela poderia ter gerenciado um abrigo para jovens sem-teto, de tantos que dormiam lá. Não fui para casa e, quando minha suspensão de duas semanas acabou, ainda não via muitos motivos para voltar à Roosevelt High School.

Àquela altura, já estava me divertindo demais.

Diamond Dogs

Capítulo 10

Só comecei a fumar depois dos 40 e no meio de um divórcio. Antes disso, minha banda ria de mim: eu dava duas tragadas, tossia e apagava aquele troço. Durante o divórcio, os cigarros se tornaram uma maneira de lidar com a ansiedade sem beber. Fumei por quatro anos, e, depois que parei, pensei: *Não me resta mais nada para largar, porque já larguei tudo.* Pela minha experiência, é questão de pensar com a cabeça. Você não precisa de tanta força de vontade assim para largar qualquer coisa. Você só tem de *querer*. A abstinência é dolorosa, é claro. Mas o que você *deve* ter é responsabilidade com a própria vida. Você *deve* manter a sua palavra. Pode mentir para outras pessoas, mas não para si mesmo. Se você acreditar numa força maior, mal também não vai fazer.

Eu morava ao lado do Ravenna Park, logo depois do University District, num apartamento compartilhado em um prédio de quatro andares. Dormia num colchão no chão do closet e colocava pôsteres nas paredes para deixar o lugar mais agradável. O lago Green era perto dali, e trilhas conectavam o Ravenna Park ao Cowen Park, com uma

7-Eleven numa ponta e uma Stop-N-Go na outra. As duas lojas de conveniência ficavam abertas de madrugada, e foram várias as noites em que Rick e eu ficamos acordados até o amanhecer, caminhando entre uma e outra.

Depois me mudei para um apartamento onde Kim, a namorada de Joel, vivia com um monte de jovens que tiveram de sair de casa por uma ou outra razão. Era um apê de dois quartos e ficava no University District, que era justamente onde todos nós queríamos estar para perambular e explorar os brechós. Em determinado momento havia dez adolescentes morando lá de uma vez, mas não parecia tão abarrotado porque estávamos sempre fazendo corres pela cidade – e, quando estávamos *todos* lá, parecia uma festa.

Comecei a andar com Rob Hemphill, baixista da Cold Daze, a outra banda de rock boa da Roosevelt High School. Arranjamos duas echarpes longas e estilosas e nos sentíamos como o Keith Richards e o Steven Tyler. Comprávamos coletes e jaquetas femininas nos brechós – éramos tão magros que qualquer coisa nos servia. Também cortávamos e desconstruíamos as roupas e as remontávamos com costuras esquisitas, alfinetes e braçadeiras. Era o auge do *glam*: *Diamond Dogs*, Mott the Hoople, T. Rex – coisas que permaneceram comigo ao longo da década seguinte. Muitos anos depois, quando eu estava gravando com o Mötley, me lembrei de "Future Legend", a faixa de abertura de *Diamond Dogs*. A primeira faixa de *Shout at the Devil* foi minha tentativa de afanar a introdução de Bowie, e eu a intitulei "In the Beginning" [No início].

Os livros que eu lia naquela época também permaneceram comigo. O University District tinha muitos sebos que certamente não existem mais hoje. O bairro em si foi destruído e reconstruído. Não existe mais da forma como eu o conheci. A Roosevelt High School se foi – mantiveram a fachada romana, mas destriparam e reconstruíram o resto, então aquela escadaria grandiosa foi tudo o que sobrou. Porém,

Diamond Dogs

o que mais me dá saudades são os sebos, porque eram quase como um segundo lar. Eu adorava o cheiro de mofo deles. Ainda entro na Barnes & Noble sempre que vejo uma loja, embora o cheiro da Barnes & Noble não tenha nada a ver com o do sebo, e saio com 10 ou 20 livros.

Naquela época, eu me atraía pelos livros que ficavam atrás do balcão: aqueles que eram mais furtados. Eram os mesmos livros que eu teria roubado. Gostava de Burroughs e adorava Bukowski. Até hoje, sempre que escrevo, recorro ao Bukowski. Abro um dos livros dele e penso *Uau, Nikki. Agora você vai ter de subir o nível com as cores e palavras cortantes.*

Outra coisa que peguei do Bukowski foi meu amor por títulos fortes e chamativos: *South of No North*, *Tales of Ordinary Madness*, *Notes of a Dirty Old Man*, "Two Kinds of Hell".[9] Como compositor, sempre tentei fazer meu melhor para ficar à altura: "Too Fast for Love", "Dr. Feelgood", "Kickstart My Heart" são bem chamativos também. Hinos. *Theatre of Pain* tirei de Artaud, o escritor surrealista, e seu Teatro da Crueldade – uma variação do mesmo tema.

Não há nada como um bom hino. Eu tinha uns 20 e poucos anos quando escrevi "Shout at the Devil", mas "Shout at the Devil" uniu um monte de adolescentes. Por causa dessa canção, eles se sentiram empoderados, com vontade de se rebelar. Estavam chegando à independência emocional, intelectual, física, sexual, e eu quis dar a eles algo que dissesse: "Eu não gosto da música dos meus pais! Minha mãe se veste de um jeito idiota, meu pai é um canalha e este é o nosso grito de guerra: 'Shout at the Devil'!".

Foi o que o T. Rex, o Aerosmith e *Diamond Dogs* já tinham feito para mim, e o que Burroughs e Bukowski estavam fazendo para mim naquela época.

---

9. Nas edições publicadas no Brasil: *Ao sul de lugar nenhum, Fabulário geral do delírio cotidiano, Notas de um velho safado* e o poema "Dois tipos de inferno". A opção de manter os títulos em inglês no texto é para que a comparação com os títulos de música citados a seguir por Nikki fique mais direta – e as traduções livres destes seriam algo como "Rápido demais para o amor", "Dr. Diversão" e "Acelere o meu coração". Por fim, *Theatre of Pain* seria algo como "Teatro da dor". (N. do T.)

Mas eu tinha de trabalhar para pagar aluguel, comprar livros, roupas e todos os discos que queria ouvir até gastar. Lavei pratos num restaurante grego. Lavei pratos na Victoria Station. Depois, fui promovido para o bufê. Esse trabalho me deu um ponto de vantagem. Notei que metade das pessoas que servíamos não comia tudo. Eu pegava uma faca, cortava as pontas dos restos de filé, passava a carne por um moedor e guardava num balde de 20 litros. Depois, pegava o ônibus de volta ao University District e todo mundo no apartamento comia. Às vezes, comíamos hambúrgueres de manhã, no almoço e à noite, assistindo ao programa *Don Kirshner's Rock Concert*, na esperança de que os Raspberries ou os New York Dolls aparecessem, com a gordura de hambúrguer e o fedor do balde de carne empesteando o ar ao nosso redor.

Rick passava muito tempo naquele apartamento e eu passava muito tempo na casa dele, ouvindo sua banda tocar.

Passava o mesmo tanto de tempo com Rob Hemphill. Os caras da banda dele estavam um nível acima dos meus amigos, ou ao menos era assim que se apresentavam. Foi uma época interessante na Roosevelt High School. A inclusão era algo novo naquela época, então o prédio havia sido integrado recentemente, mas ainda era segregado em muitos aspectos. Estudantes de bairros de classe alta, como Laurelhurst e Sand Point, iam a essa escola e havia distinções de classe reais. Caras como Rob Hemphill, de bairros ricos, andavam de jaqueta de couro. Caras como Rick e Joel não tinham dinheiro para comprar jaquetas de couro. Rob, no entanto, respeitava o fato de Rick e Joel serem músicos e ia até a casa de Rick para tocar. Seus amigos, porém, talvez nos desprezassem. Provavelmente nos viam como os moleques metaleiros e quase hippies que éramos. Eles fumavam haxixe, nós fumávamos ambrósia, e eles torciam o nariz. O Cold Daze tinha amplificadores menores do que o Pizazz. Não tocavam tão alto, mas tinham um PA, e isso fazia deles uma banda mais completa do que o Pizazz. Significava que po-

Diamond Dogs

diam ter vocalista e, como resultado, eram muito mais populares. As duas eram bandas de adolescentes do ensino médio da mesma escola, então, no que diz respeito à rivalidade, eram amigáveis. Porém, num nível mais profundo, havia uma tensão real.

Só pude transitar livremente entre essas facções porque tinha deixado, bem rápido, de ser o estudante novo da escola e passara a nem frequentar mais a escola. Rob transitava livremente porque era visto como bem de vida mesmo entre os garotos ricos. Seus pais eram donos da Hemphill Oil e tinham a própria frota de caminhões-tanque. Esse tanto de dinheiro tornava Rob uma espécie de aristocrata no nosso mundo. Era um ano mais velho e seu cabelo era quase tão comprido quanto o nosso. Nos círculos mais pretensiosos da escola, ter cabelo comprido era mais uma coisa a ser desprezada. Não consigo imaginar o que os amigos dele falavam de nós quando não estávamos por perto, mas ninguém ousava criticar Rob.

Quanto a mim, havia acabado de pintar meu cabelo de prata. Foi algo que vi num pôster: o baixista do Mott the Hoople, Peter "Overend" Watts, tinha grandes tufos de cabelo prateado.

"Como ele fez isso?", eu me perguntava.

A conclusão a que cheguei não envolvia tintura de cabelo, e sim tinta spray. Foi uma solução perfeita, porque transformou todo o meu cabelo em palha – firme, de modo que eu podia manipulá-lo para dar a ele o visual mais louco que minha imaginação conseguisse inventar. Rob achou legal de um jeito genuíno, mas ele era assim mesmo: legal de um jeito genuíno. Não se importava muito com as coisas. Não era inseguro. Não era reprimido. Gostava de se divertir, e foi isso o que nos aproximou. Agia como se não tivesse nada a perder, ao passo que eu já nem tinha tanto o que perder. E a outra coisa que compartilhávamos era o interesse pelo baixo.

Rob tocava um Gibson – um Les Paul Recording Bass, que tem o mesmo formato de uma guitarra Les Paul. Não é um instrumento que se vê com muita frequência, mas foi marcante para mim. (Mais tarde, vim a comprar um. O visual é muito melhor do que o som.) A essa altura, eu já estava desesperado para ter meu próprio baixo e ia até a Broberg's, uma loja de instrumentos na University Avenue, e ficava fitando a vitrine.

Um baixo bom não era barato. Mesmo um baixo "não tão bom" estava fora do orçamento de alguém que mal ganhava um salário mínimo. Eu não conseguia mais dar conta nem do aluguel e estava dormindo na casa de uma garota com quem saía. Porém, estava decidido: precisava de um baixo e ia consegui-lo. Um dia, depois do ensaio, perguntei a Joel se ele poderia me emprestar seu case de guitarra.

"Pra quê?"

Eu não podia dizer a ele. Só respondi que tomaria muito cuidado e o devolveria à noite.

De fato, tomei cuidado e devolvi o case – depois de levá-lo até a Broberg's.

Entrei e puxei conversa com o homem que ficava atrás do balcão. "Sou guitarrista, novo na cidade, e preciso de um emprego legal."

Batemos um papo, falamos de bandas de que nós dois gostávamos. Depois de um tempo, o balconista disse: "Espere um pouco, vou pegar um formulário de emprego para você".

Assim que ele foi para os fundos da loja, peguei uma Gibson da parede e meti no case vazio de Joel. Foi tão rápido que até tive tempo de me recompor antes de o cara voltar. Preenchi o formulário com nome e endereço falsos, me despedi do homem e saí da loja o mais calmamente que pude.

Naquela noite, nos reunimos na casa de Rick. Eu estava radiante de orgulho, mas não contaria a ninguém o que havia feito até que a turma toda estivesse no porão.

E então, enfim, abri o case.

"Saquem só o meu baixo novo."

Nenhum dos caras sorriu. Eles só me olharam, mudos.

"Frank, isso não é um baixo", disse Rick.

Olhei para a Les Paul – uma bela *goldtop*.

"Conte as cordas. É uma guitarra", disse Joel.

Eles estavam certos, mas não havia nada que eu pudesse fazer. Não tinha como devolver uma guitarra roubada.

Eu devia ter ficado com ela. Uma Les Paul *goldtop* de 1974/1975 é uma coisa maravilhosa. Mas logo a vendi para dois irmãos que tocavam numa banda do outro lado da cidade – The Telepaths. Os dois eram punks, o que quer que "punk" fosse naquela fina fatia de tempo entre os Dolls e o primeiro álbum dos Ramones. Eram caras toscos com quem eu andava às vezes, mas consegui um valor bom o suficiente para comprar um baixo de fato, o que fiz numa loja de instrumentos diferente da que roubei. Comprei um Rickenbacker preto, que não era tão legal quanto o de Rob Hemphill, mas ainda assim um instrumento formidável, que depois acabei trocando por um Fender. Porém, alguns dias depois, tive uma conversa com o guitarrista de Rob – um cara talentoso, cujo nome não vou revelar, porque o contatei recentemente (ele é agente imobiliário) e ele negou que essa conversa tenha acontecido. Mas aconteceu, *sim*, exatamente desta forma:

"Uma *goldtop*?", perguntou o guitarrista. "Nossa, sim, eu compro de você."

Naquela noite, fui até a casa dos irmãos. Eles moravam com os pais e tive de esperar até que todas as luzes estivessem apagadas. Depois, entrei escondido por uma janela, desci até o porão onde os Telepaths ensaiavam e me esgueirei pela porta dos fundos com a Les Paul. No dia seguinte, eu a vendi para o futuro agente imobiliário. Porém, a história não acaba aí, porque duas noites depois os Telepaths vieram atrás de mim.

Minha namorada também morava com os pais, então ela ficava no quarto no segundo andar e eu tinha um quartinho no porão. Era um esquema meio esquisito, porque os pais dela tinham se separado –

talvez até se divorciado –, mas nenhum dos dois tinha dinheiro para se mudar. Cada um tinha seu próprio quarto e ambos tinham dois empregos e, em casa, uma filha que meio que ia à escola, além de um adolescente maluco no porão, que tentava aprender "S.O.S.", do Aerosmith, no baixo – que era o que eu estava fazendo quando a campainha tocou.

Os irmãos estavam putos. Os dois empunhavam tesouras como se fossem facas.

"Vamos cortar o seu cabelo, cara."

"Você roubou nossa guitarra."

Briguei feito um cão raivoso. Ganhei um olho roxo daqueles e um corte no lábio, mas eles não encostaram no meu cabelo. Não fiquei em Seattle por muito tempo depois disso, mas foi em um show dos Rolling Stones que os limites foram extrapolados.

Os Stones, naturalmente, iam tocar na arena. O preço era ultrajante: dez pratas. Não havia como nenhum de nós pagar isso, mesmo que os ingressos não estivessem esgotados (estavam). Mas nós adorávamos os Stones, e Rick, eu e um bando de outros garotos fomos para ouvir o que conseguíssemos do lado de fora do lugar. Foi uma cena e tanto: metade da cidade teve a mesma ideia. Eu e meus amigos nos sentamos em círculo. Alguém tinha maconha e eu me ofereci para enrolar. Porém, os 30 segundos que eu levava para enrolar um baseado naquela época foram tempo suficiente para um policial a cavalo chegar e me prender.

Aconteceu tão rápido que, algumas horas depois, minha cabeça ainda rodava.

"A gente ficou se perguntando que merda tinha acontecido", Rick disse quando nos encontramos depois.

"A maconha nem era sua!", disse Joel.

Porém, nos poucos dias que haviam se passado desde a última vez que eu os vira, me convenci mais uma vez.

Era hora de dizer adeus a Seattle.

De volta à fazenda

Capítulo 11

Peguei um ônibus Greyhound de volta a Jerome. Levei meu baixo Fender, uma bolsa marinheira cheia de roupas, algumas fitas cassete: álbuns de T. Rex, Aerosmith e Bowie. Meus avós foram me encontrar. Ao me ver, Nona não pôde deixar de dizer: "Frankie, o que aconteceu?".

Eu estava usando botas plataforma e uma velha jaqueta feminina que eu havia virado do avesso e recosturado. Meu cabelo estava pintado de prata com tinta spray. Porém, Nona e Tom me aceitaram de volta. Consegui um trabalho na fazenda de John McGonigal, instalando tubulações, o que Bubba também fazia e eu detestei. A lama tinha 20 centímetros de profundidade. Depois de menos de um quilômetro, me sentei, cruzei as pernas e disse a Bubba: "Que se foda isso aqui".

Lavar pratos nunca foi divertido. As horas se esticavam feito caramelo e cada turno parecia durar dias. Irrigação era parecido, mas pior – muito pior, com o sol rachando na cabeça. Porém, não havia o que fazer a não ser voltar no dia seguinte. Bubba instalou o resto das minhas tubulações naquele primeiro dia e quase morreu. Ele me disse que não faria aquilo de novo.

Comecei a ter problemas com os outros garotos mexicanos que trabalhavam na fazenda. Eu já tinha brigado nos corredores da Roosevelt High School – garotos que me empurravam contra a parede, tentavam me prender em armários e me chamavam de "Alice Bowie" e de "bicha". Precisava me defender. Nesse sentido, não havia nada de novo nas plantações – exceto que, agora, eu tinha um cano com que me defender. Mais tarde, nos clubes de Los Angeles, brigar se tornaria um esporte, não um fardo: passei a abraçar a mesma coisa que havia me intimidado no ensino médio. Porém, eu ainda não estava em Los Angeles, e ser xingado, provocado e esmurrado não era muito divertido.

Por outro lado, Bubba estava do meu lado, e aquele cano fez muito trabalho por nós dois. A irrigação pagava melhor do que lavar pratos. E eu precisava do dinheiro porque estava de olho em outra guitarra.

Sempre que Tom e eu íamos a Twin Falls, passávamos num lugar chamado Red's Trading Post. A Red's era uma loja de armas, e Tom sempre dava uma olhada em pistolas e rifles para caça. Porém, era também uma loja de penhores, e alguém da cidade havia penhorado uma guitarra Univox. Era uma cópia da Les Paul que Joel Reeves usava no Pizazz, com uma pintura *sunburst* maravilhosa.

Em Seattle, eu também costumava andar com o guitarrista do Cold Daze: nos sentávamos na escadaria dos fundos da escola e ele me mostrava alguns truques – assim como Rick, ele era um músico talentoso – e, é claro, Rick também havia me mostrado bastante coisa. Eu preferia o baixo, e ainda prefiro, mas sabia mandar alguns acordes básicos, e ter uma guitarra por perto é sempre uma boa ideia. Hoje, tenho guitarras pela casa toda. Nunca me tornei um bom guitarrista. Se eu passasse seis meses tocando duas horas por dia, ficaria bom o bastante para entrar numa banda. Se eu estiver enferrujado, você provavelmente não vai querer me ouvir. Mas há coisas que compus no baixo e coisas que se mostram mais adequadas à guitarra. "Don't Go Away Mad" – essa é uma música de guitarra. Compus "Shout at the Devil" num violão, tocando com o máximo de força que pude, para conseguir o máximo de volume. "Knock'Em Dead, Kid", "Red Hot", "Ten Seconds to Love" e "Kickstart My Heart" surgiram no violão também, e eu deveria ter saído da Red's com um violão – teria sido mais útil. Em Jerome, eu não tinha nem amplificador. Porém, alguma coisa me puxava para as Les Pauls, e, mesmo sem amplificador, a Univox fazia algum barulho se você tocasse bem forte com uma palheta grossa.

De volta à fazenda

Eu carregava aquela guitarra pela cidade, e esse era outro motivo pelo qual eu deveria ter comprado um violão: uma Les Paul não é leve como uma Fender. Mas eu carregava a minha para todo lado. Depois de uns dois meses em Jerome, tio Don e Sharon vieram de Los Angeles para visitar Nona e Tom. O filho deles, Rick, ainda era pequeno, mas a filha, Michele, era poucos anos mais nova do que eu. Convidei-a para ir ao parque. Levei a Les Paul e toquei por uma hora no banco em que nos sentamos.

"Vou ser um astro do rock", falei.

Não me ocorreu que Michele provavelmente havia conhecido astros do rock de verdade. Eu ainda era alheio à ideia de que astros fossem pessoas reais. Eu considerava Rick Van Zandt um astro do rock. Rob Hemphill era um astro do rock, mas Peter Frampton, Marc Bolan e Bowie estavam mais para deuses do rock, mais para estrelas no céu: "Olha! Aquela é a constelação Deep Purple! Mais para lá, acima da guitarra de Ritchie Blackmore, dá para ver a Uriah Heep!". Era o tanto que tudo aquilo parecia distante e abstrato. Mas, depois do jantar, Don me puxou de lado e disse: "Frankie, nosso lar é o seu lar, e você sempre será bem-vindo".

Isso parecia bem menos abstrato.

Los Angeles

Capítulo 12

Bob e Harlene foram nos visitar em seu *motor home*. Eles moravam em Palm Springs, mas, na volta para casa, passariam por Los Angeles, onde sua filha Raylene tinha uma audição. Raylene queria ser atriz. Era uma coisinha minúscula na época, mas pelo visto tinha talento de verdade, porque conseguira um agente e ia fazer um teste para um papel num faroeste. Eles não precisaram perguntar duas vezes se eu queria ir junto. Eu havia acabado de chegar do trabalho, estava sujo de lama até a bunda quando os vi, e nem quis dar um tempo para tomar banho. Queria dar o fora de Jerome imediatamente. Assim que os vi, falei: "Vou pedir demissão. Quero ir para Los Angeles".

É estranho, mas Nona e Tom mantiveram meu quarto do jeito que estava desde o dia em que fui embora até o dia da morte da minha avó, e depois disso Tom vendeu o trailer duplo.

Naquela época, você podia chegar numa loja de discos e perguntar se havia pôsteres promocionais que eles fossem jogar fora. Às vezes, dava para conseguir até um display da banda. Eu tinha um pôster de *Frampton Comes Alive!*, um do Aerosmith e um do Uriah Heep. Tinha também pôsteres do Sweet que meu tio Don me mandara de Los Angeles. Também era possível arrumar displays em lojas de instrumentos: réplicas de papelão em tamanho real. Eu peguei um display de um baixo Les Paul e o pendurei de ponta-cabeça na parede – anos depois, muitas dessas coisas ainda estavam lá. Quando o Mötley Crüe estava se preparando para lançar *Theatre of Pain* – o álbum que tem "Home Sweet Home" –, fiz uma viagem de carro para ver Nona e Tom. Eu não estava muito bem naquela época e senti saudades dos meus avós – da forma como Nona e Tom sempre tinham xícaras de café por perto, o tempo todo; dos cigarros More marrons que Nona fumava; de todas as noites que passamos jogando baralho e dados. Então voltei para casa e dormi no meu velho quarto, cercado por todas as minhas velharias. Foi profundamente tocante perceber que, embora eu nunca mais tenha morado com Nona e Tom depois de partir com Bob e Harlene, eles mantiveram aquele espaço seguro e acolhedor para mim.

Foi como se eu nunca tivesse ido embora.

Mas fui. Quando Bob e Harlene partiram para a Califórnia, fui embora com eles.

Chegamos a Bishop, Califórnia – não muito longe da fronteira com Nevada –, e, quando Harlene ligou para o agente, descobriu que Raylene havia perdido o teste. Não sei se meus tios fizeram confusão com as datas ou se os produtores tinham decidido escalar outra pessoa ou simplesmente seguir outra direção. O fato é que eles não tinham mais pressa e optaram por tirar um tempo para visitar o Parque Nacional de Yosemite, que ficava perto dali. Perguntaram se eu queria ir também, mas eu não via a hora de chegar a Los Angeles. Então, mais uma vez, fiquei sozinho com meu baixo – Nona e Tom prometeram enviar a guitarra e alguns dos meus pôsteres. Com a bolsa marinheira cheia de roupas e fitas, peguei um ônibus Greyhound mais uma vez, e o destino, agora, era Los Angeles.

Sharon me encontrou na parada de ônibus no cruzamento Hollywood & Vine,[10] a mesma com que Marilyn Monroe sonha no

---

10. Hollywood Boulevard com a Vine Street. (N. do T.)

Los Angeles

filme *Nunca fui santa*. O prédio da Capitol Records – uma torre branca circular, como uma pilha de compactos, e uma das construções mais belas da Costa Oeste – ficava a meio quarteirão dali. Meu tio Don comandava a coisa toda.

Eu sonhava com isso desde que Don começara a mandar aqueles discos para mim em Jerome.

Eu tinha 18 anos. Disse a mim mesmo que, aos 19, seria contratado pela gravadora de Don.

Don e Sharon viviam em Northridge quando fui morar com eles, numa casa de três garagens e quatro quartos no final de uma rua sem saída tranquila e arborizada. Fiquei maravilhado com o lugar. A primeira coisa que notei quando entrei foram os azulejos maravilhosos no hall. As cores eram tão profundas, ricas e luxuosas. Eu nunca estivera numa casa tão bonita, nem de longe. Não era grande *demais*, não era palaciana. Talvez você esperasse que o presidente da Capitol Records morasse numa mansão, mas, em comparação ao trailer duplo de Nona e Tom, parecia incrivelmente aristocrática. Havia uma pequena piscina, um jardim lateral e um pátio com uma mesa de piquenique. Com exceção do piso de azulejos do hall de entrada, a casa inteira tinha um carpete felpudo – carpete verde que Rick sempre ensopava de álcool e ateava fogo. Michele era uma querida – apenas uma garota mórmon certinha. Gostava de dançar quadrilha e de tocar piano, e adorava bordar. Era fantástica. Porém, eu ficava de olho no irmão dela. Imaginava que ele fosse atear fogo no meu cabelo enquanto eu dormia e, por isso, deixava a porta do quarto trancada caso ele tivesse essa ideia.

Don e Sharon eram mórmons não praticantes, o que significava que fumavam e bebiam vinho. Don tinha um bar – ele e Sharon adoravam receber visitas – lotado com todo tipo de bebida imaginável.

O tampo do bar era polido e decorado com compactos, por cima dos quais Don passou o verniz. Havia também alguns caça-níqueis pela casa, e Don tinha uma parede de cinco ou seis metros de altura repleta de LPs. Milhares e milhares de discos.

Eu estava no paraíso, mas, antes que pudesse me acostumar com esse esquema, nos mudamos para uma casa que era ainda mais bacana.

Fomos para La Cañada – "O Cânion", ao norte de Los Angeles –, para uma casa térrea enorme em estilo rancheiro, construída por uma grande família mórmon. Havia 12 quartos minúsculos, de 2,5 × 2,5 metros, e Don derrubou as paredes de três ou quatro deles para fazer uma grande sala de música para nós. Instalou nela o bar decorado com discos e o piano de Michele. O carpete ia de parede a parede – felpudo branco –, e Rick imediatamente começou a atear fogo nele. Tínhamos uma cozinha grande e moderna e uma bela sala de jantar. Jantávamos juntos todas as noites.

Nona sempre foi uma ótima cozinheira, assim como minha mãe, e Sharon também se mostrou uma cozinheira maravilhosa. Sentar-se para jantar como parte daquela família grande e confortável era uma coisa incrível.

Havia muito verde onde morávamos, era muito rural, com trilhas de cavalo atrás da casa, a serra de São Gabriel acima de nós, e coiotes, doninhas e gambás – e até linces-pardos, de vez em quando – marcando presença. Nos fundos, tínhamos uma piscina grande, uma quadra de tênis e uma pequena casa de hóspedes. Ainda consigo ver as crianças pulando na piscina, comendo cachorro-quente e bebendo limonada e tio Don sentado sem camisa numa espreguiçadeira à beira da piscina. Ele tinha a primeira tatuagem que me lembro de ver – fizera no exército. Tia Sharon se parecia um pouco com minha mãe; tinha grandes olhos azuis vívidos, como se houvesse uma vela queimando por trás deles. Vestia-se impecavelmente, e acho que nunca a vi sem maquiagem. Vi filmagens de oito milímetros dela fumando, mas nunca a vi fumar ao vivo. Talvez ela fosse um pouco reservada, um pouco alheia a gente nova. Porém, conosco, era calorosa, muito amorosa – não tinha a veia mordaz e sarcástica da minha mãe. Não havia nada intimidador na tia Sharon e eu a adorava. Admirava o tio Don, que era culto de um jeito que o resto da minha família não era. Nona e Tom não tinham passaportes e nunca haviam ido a Nova York, mas Don já tinha viajado por todo o país e visto um bom tanto do mundo. Tinha cabelo preto, uma gargalhada alta e um sorriso largo. Transpirava confiança. Era presidente da gravadora, afinal, e eu ficava um pouco maravilhado com ele, e talvez envergonhado com todas as coisas novas que ele tentava me apresentar – não porque eu não gostasse delas, mas porque sentia vergonha por não conhecê-las ainda.

As Olimpíadas, por exemplo. Eu estava sentado na poltrona, com os fones de ouvido gigantes de Don sobre as orelhas, ouvindo *Alice Cooper Goes to Hell* a todo volume, quando ele apareceu e me disse: "Frankie, quer assistir às Olimpíadas?".

"O que é isso?", perguntei.

Eu realmente não sabia. Sabia o que era futebol americano e, em La Cañada, eu tinha jogado tênis pela primeira vez. Mas isso era um sinal do quão provinciano eu era naquela época: as Olimpíadas simplesmente não eram um assunto com o qual eu houvesse me deparado. Em alguns aspectos, eu me sentia excluído. O que *eu* conhecia era Alice Cooper. Então, às vezes, tinha medo de não saber como me encaixar naquela família perfeita, mas então falava alguma coisa para fazer o tio Don rir, ou Sharon aparecia e dizia algo reconfortante, ou Michele me pedia ajuda com algo que estivesse fazendo na sala de artes, onde sempre bordava, e eu me lembrava que, não, eu era da família, e tudo bem eu ter coisas legais e estar debaixo de um teto sólido. Bem distante de onde eu estava seis meses antes, sentado no porão de Bubba, ouvindo o Edgar Winter Group e vendo revistas de mulher pelada. Ainda era um pouco chocante, mas eu me dera bem.

Don me acolheu debaixo de suas asas de outras maneiras também: me ajudou a arrumar um emprego na loja de discos Music Plus, em Glendale, e me deixava dirigir sua picape F-150 para ir trabalhar. A caminhonete de Don tinha pneus traseiros grandes, aros maneiros e a dianteira um pouco rebaixada. Eu me sentia o máximo dirigindo aquela coisa, ouvindo música alto a caminho do shopping. Às vezes, a caminho do trabalho, dava carona para o meu chefe, o gerente da loja de discos. O cara devia ter uns 23 ou 24 anos, mas, para mim, parecia uma figura de autoridade totalmente adulta. Tinha cabelo preto comprido e só um braço, o que para mim era fascinante, e ouvia Miles Davis e bandas de rock alemãs. Às vezes, fumávamos um baseado antes de sair e ele me apresentava coisas de que eu nunca tinha ouvido falar, como Devo e o primeiro álbum dos Ramones. Era um negócio mais rápido e cortante do que eu estava acostumado. No trabalho, eu colocava álbuns do ABBA e do AC/DC em sequência. Colocava Raspberries e Eric Carmen solo e ficava maravilhado com o quanto aquelas canções eram exuberantes e ricas: "No Hard Feelings", "Never Fall in Love Again", "All by Myself" (muito antes do cover da Céline Dion).

Anos depois, descobri que Carmen copiava Rachmaninoff. Fazia total sentido: a forte influência erudita. Mas, na música, todo mundo rouba de alguém.

Eu roubava também. De dia, roubava do Cheap Trick, quando praticava insistentemente e tentava escrever minhas próprias canções; de noite, roubava da loja de discos. Às vezes, quando chegava algum disco especialmente bom, eu deixava guardado e o levava embora escondido mais tarde. Com mais frequência, fechava o caixa e ia para casa com uns 10 ou 20 dólares extras.

Eu tinha um baixo. Tinha uma guitarra. Mas não tinha um amplificador. Então, roubei até juntar dinheiro o suficiente para comprar um que

Los Angeles

fosse tão alto quanto os que Rick e Joel tinham em Seattle. Agora tinha o equivalente a um *half stack* da Marshall no meu quarto. Tinha pôsteres que pegara na loja e alguns que Nona e Tom haviam me enviado de Jerome. Tinha uma namorada chamada Katie, que conheci na loja, e a levava escondido para a casa de hóspedes. Mas Don e Sharon não eram idiotas. Eles me viram chapado algumas vezes e, depois que comprei o amplificador, a vizinhança toda me ouvia tocar guitarra. Eu conversava com o tio Don sobre meus planos de ser músico e, agora que tenho mais idade do que ele tinha naquela época, consigo adivinhar o que ele pensava: *Frankie, cara. Você é barulhento demais. E você tem esse sonho. Mas ninguém é bem-sucedido nesse negócio. Confie em mim, sei do que estou falando. Músicos vão e vêm. Ou têm um hit de sucesso ou não têm. De um jeito ou de outro, acabam trabalhando na 7-Eleven. Eu sou o único cara que ganha dinheiro.*

Tive essa conversa com meus próprios filhos. Digo a eles que podem fazer qualquer coisa que quiserem. Independentemente do que for, vou apoiá-los. Mas, custe o que custar, eles têm de ter um plano de negócios. Precisam fazer cursos. Precisam ser financeiramente inteligentes. Eu não tinha nada disso. Não me formei no ensino médio. Estava tentando tocar heavy metal, fumava maconha, trabalhava numa loja de discos. Don chegava em casa do escritório e ouvia minha guitarra a um quilômetro de distância. Tenho certeza de que ele e Sharon tiveram algumas conversas tarde da noite: "Estou preocupado com Frankie. Ele não tem formação escolar. Não tem plano B".

Eles estavam certos. Não havia plano B. Eu ainda estava muito distante da Stadium Tour – e, como Bon Scott observou certa vez, "o caminho até o topo é longo se você quer rock'n'roll".

Mas eu estava mais perto do meu sonho do que estivera em Seattle ou em Idaho, e, quando Don e Sharon enfim se encheram com a maconha, o barulho e o exemplo que eu dava para o pequeno Ricky – que, na idade dele, estava se transformando num criminoso maior do que eu jamais tinha sido –, não foi a pior coisa do mundo, porque, mesmo quando eles me mandaram embora, garantiram que me amavam e que eu não estaria sozinho.

"Eruption"

Capítulo 13

Don me ajudou a conseguir um apartamento de um quarto em Glendale e assinou como meu fiador. Houve momentos em que morei sozinho e outros em que dividi com alguns amigos. Às vezes, mais do que alguns, que dormiam em colchões no chão. Eu tinha um velho Buick – uma verdadeira lata velha de 1948 – pelo qual paguei 100 dólares. Era preciso pisar no freio repetidas vezes para fazê-lo parar. Foi quando aprendi sobre ar no sistema de freio e descobri como trocar as pastilhas. Não tinha dinheiro para pagar um mecânico.

Com o Buick, eu ia até Burbank, onde ficava meu novo emprego. A essa altura, já tinha sido demitido da loja de discos por roubar. Agora, eu limpava tapetes, carpetes e móveis. O higienizador a vapor era apenas uma grande caixa com uma mangueira – você colocava água e o negócio aquecia para higienizar carpetes e móveis. Todos os dias, eu pegava o equipamento em Burbank e atendia em domicílio. Muito rapidamente, percebi que poderia deixar a máquina grandona apoiada numa porta e largá-la funcionando enquanto eu saqueava os armários de remédios. Roubava alguns comprimidos, dividia alguns com meus amigos, vendia o resto e comprava equipamentos de música: pedais de efeito, cabos. Porém, perdi o emprego por causa do Scotchgard – produto protetor de estofados que a firma utilizava. Eu dizia ao cliente:

"Faço a casa toda. Custa 120 dólares, mas estou tentando pagar a faculdade. Se você me ajudar, faço a casa toda por 50 dólares".

E usava a boa e velha água em vez do Scotchgard. Quando devolvia o higienizador, dizia ao meu chefe: "Foi mal, ninguém quis comprar o produto hoje".

Então fui fazer a limpeza numa casa em Topanga. Os donos eram hippies, tinham um monte de gatos, e os gatos haviam mijado num cômodo inteiro.

Dei uma olhada e falei: "OK. Nós temos um spray para pets. Quando eu terminar a limpeza, vocês não vão sentir mais cheiro nenhum".

Eles ficaram muito gratos: "Ah, obrigado, obrigado! Deus do céu, não sabemos o que fazer com esses gatos!".

Porém, não havia spray para pets coisa nenhuma. Usei água, como sempre. E, na verdade, a água deixou o cheiro do xixi dos gatos muito pior. Trouxe o odor todo à tona.

Os hippies ligaram para a empresa: "Qual é a desse spray para pets?".

Quando cheguei ao trabalho no dia seguinte, meu chefe estava com um toca-fitas sobre a mesa.

"Saca só isso", ele me disse, e colocou as demos do Van Halen para tocar. Eram gravações que a banda tinha feito com Gene Simmons em Los Angeles: "Women in Love", "Runnin' with the Devil". Uma porção de músicas. O Van Halen havia despontado no circuito de festas em Pasadena – era a banda do momento na Sunset Strip – e ninguém nunca ouvira uma pessoa tocar igual ao Eddie Van Halen.

"Puta merda", falei. "Isso é sensacional!"

"É mesmo", disse meu chefe. "Imaginei que você fosse gostar. Mas sabe o que mais? Você está demitido."

———

"Eruption"

Quando ouvi Van Halen pela segunda vez, estava trabalhando na linha de produção de uma fábrica de aço. Era o tipo de lugar onde um cara fazia um buraco no metal com uma furadeira, uma esteira levava a peça pela linha de produção e outro cara inseria um rebite.

Eu detestava aquela porra de emprego. Eu enrolava o máximo que podia, ia escondido para o depósito das sobras de metal, me sentava no chão e lia a autobiografia de Alice Cooper. Ainda tenho meu exemplar velho e surrado, embora também tenha um que Alice me deu muito tempo depois.

"Nunca se esqueça: já fui mais perigoso do que você foi", ele escreveu no frontispício. Esse livro ainda é muito precioso para mim.

Porém, todo dia, eu batia cartão naquela fábrica. Depois do trabalho, ia até a casa onde morava uma banda chamada Soothsayers. Eram tipo Deep Purple, tocavam rock de riffs baseados em blues. Eu escrevia letras para eles. Ainda não tocava em bandas, mas achava legal ouvir minhas letras, mesmo que na música de outras pessoas. Além disso, estava aprendendo muito. Ouvi muitas coisas novas naquela casa: o The Cars tinha acabado de aparecer. The Clash e Pistols tinham visual punk, mas compunham canções de rock muito tradicionais e sólidas. As músicas do Sex Pistols eram exatamente como as dos Kinks, com terças e sétimas menores, como os Kinks faziam.

Isso foi mais ou menos na época em que o primeiro álbum do Van Halen saiu. Eu estava com os Soothsayers quando eles colocaram para tocar pela primeira vez.

"Runnin' with the Devil" era a primeira música do álbum.

"Eruption" vinha em seguida.

"Eruption" foi uma revelação insana. Ritchie Blackmore ainda era meu guitarrista favorito, mas não poderia ter tocado o que Eddie Van Halen estava tocando. Tão rápido e tão fluido. Naquele momento, fiquei muito feliz por não ser guitarrista. Não ser um músico técnico de forma alguma. Já o guitarrista do Soothsayers segurava a cabeça nas mãos.

"Eu desisto", disse. "Desisto."

Ele falou sério. Muitos guitarristas ouviram aquela faixa e disseram: "Preciso aprender a tocar desse jeito". Mas aquele guitarrista sabia que não era por aí. "Isso é inalcançável", disse ele. E desistiu de verdade. Simples assim; foi o fim da banda.

———

Eu não tinha interesse em desistir. Ainda não era um grande instrumentista, mas me esforçava para chegar lá. Estudava. Tocava junto com os discos, compunha e tocava minhas próprias melodias em cima das músicas, trocava os acordes de lugar, escrevia minhas próprias progressões de acordes. Fazia tudo o que podia para melhorar como compositor, letrista e baixista. Não era só um adolescente revoltado. Havia uma razão em tudo o que eu fazia. Se eu roubava, era para financiar alguma coisa que eu *tinha* de fazer. A música, para mim, era uma forma de sobrevivência. Era o meu propósito. Maior do que eu.

Minha esposa diz que eu tenho um desejo ardente de dominar e conquistar coisas novas. "Imagino como você era quando jovem."

Não era muito diferente do homem que ela conhece hoje. Já era compulsivo. Minha personalidade já era imersiva, viciante, absorta. Eu tinha um sonho e seguia meu propósito em detrimento de todo o resto.

Eu era, visivelmente, quem sou hoje.

———

Se eu ainda morava em Glendale? Em algum momento, Don me ligou:

"Frankie. Faz meses que você não paga o aluguel."

"Estou tentando!", falei.

Mas não estava me esforçando muito. Gastava todo o meu dinheiro em amplificadores, em equipamento. Recebi um aviso de despejo, mas ainda fiquei um tempo por lá, com o aviso pregado na porta. Depois disso, houve outros esquemas quebra-galho. Quartos em pensões. Quitinetes esquisitas. Em Burbank, morei numa garagem adaptada e trabalhei na Burbank Liquors, localizada no Burbank Boulevard. Foi nessa loja de bebidas que conheci Mick Mars, que certa noite entrou todo vestido de preto, com cabelo preto na altura da bunda, e comprou uma garrafa de tequila.

O nome verdadeiro de Mick é Bob Deal, e seu nome artístico na época era Zorky Charlemagne.

Olhamos um para o outro como dois gatos de rua com os pelos eriçados.

"Você toca?", perguntei.

"Sou guitarrista. E você, toca?"

"Um pouco. O que você curte?"

"Jeff Beck."

Eu gostava do Jeff Beck. Meu álbum favorito dele era *Blow by Blow*. Para um álbum instrumental, era um ótimo disco de rock.

"Paul Butterfield."

"Quem?" – eu nunca tinha ouvido falar de Butterfield.

"O que *você* curte?"

"Aerosmith. New York Dolls. Gosto do Joe Perry e do Johnny Thunders."

"Tá certo", disse Mick. "Mas, se você quer ouvir um guitarrista de verdade, dá uma chegada no Stone Pony. A minha banda, Spiders and Cowboys, vai tocar."

O Stone Pony ficava no quarteirão da garagem onde eu morava. De algum modo, consegui entrar, embora fosse menor de idade, e isso me mudou profundamente, porque Mick fez um solo de guitarra usando o pedestal de microfone como slide. Anos depois, comentei isso com ele.

"Claro", ele disse. "Eu me lembro, sim."

"Você consegue fazer a mesma coisa nessa música?" Eu havia acabado de compor "Piece of Your Action".

"Já tenho uma parte inteira pronta", ele disse.

Ele tocou e foi incrível. Mick se orgulha ardentemente de ser um grande guitarrista. Ele pode não falar muito disso, mas quer que você saiba que é verdade.

Naquela noite no Stone Pony, enchemos a cara juntos e conversamos – fui tropeçando até a minha garagem e só voltei a vê-lo no dia em que ele apareceu para fazer um teste para o Mötley Crüe. Mick havia colocado um anúncio no *Recycler*: "Guitarrista barulhento, rude e agressivo". Respondemos, e a descrição batia com precisão. Era tudo o que estávamos procurando. Porém, demorou uma semana até que nós dois percebêssemos que já tínhamos nos conhecido no Stone Pony. Antes, eu tinha cabelo castanho comprido, e agora meu cabelo estava preto-azulado e incrivelmente comprido. Antes, éramos Frankie e Zorky. Agora, éramos Nikki e Mick.

Enfim juntamos dois mais dois.

"Caramba, você é aquele moleque da loja de bebidas!"

"Caramba, você é o Zorky do Spiders and Cowboys!"

Eu tinha um segundo emprego: revestia circuitos impressos numa pequena fábrica. Quando perdi esse emprego, passei a pegar o ônibus até a Hollywood e a Vine para varrer a calçada na frente da loja de cosméticos Max Factor. Tinha que estar tudo limpo na hora de a loja abrir, então eu acordava antes do amanhecer. Foi uma época esquisita, vaga. Depois de algumas semanas ou meses naquela garagem adaptada, me mudei para uma velha casa em Hollywood – uma casa de músicos de dois andares, caindo aos pedaços, no número 6846 do Sunset Boulevard, bem na frente da Hollywood High School.

Um milhão de músicos morava lá. Dormiam em todos os sofás, no chão, nos closets, nos arbustos na frente da casa. Ninguém limpava nem guardava nada, nunca. Quando garrafas eram chutadas, ficavam onde estavam – e foi assim até o dia em que a casa toda pegou fogo, mas ainda vamos chegar a essa parte da história.

"Eruption"

Na 6846 moravam punks, moleques do hard rock e moleques que provavelmente ouviam Gary Numan e aguardavam a chegada do A Flock of Seagulls. Certa vez, vi um cheque no balcão da cozinha e peguei. Era um cheque de direitos autorais, o primeiro que vi na vida. O valor era de oito centavos, ou talvez de 25 – qualquer que fosse, era menos que um dólar.

"Uau, um desses caras aqui deve ser profissional", me lembro de pensar.

"Será que tem como eu descontar isso aqui?", é outra coisa que me lembro de pensar.

———

Eu ainda voltava para Burbank e Glendale o tempo todo. Minha namorada, Katie, morava em Glendale, no topo de uma colina muito íngreme. Mesmo quando meu carro funcionava, eu tinha de subir de ré porque não havia compressão o suficiente no motor do Buick para ir no sentido certo. Eu colocava uma toalha no chão ao lado do banco do passageiro – o forro havia apodrecido ali – e descia a colina de volta muito lentamente, com o pé no freio durante todo o trajeto.

Todo o dinheiro que eu tinha eu gastava em roupas, maconha e equipamento. Naquele ano, depois de alguns meses, economizei o bastante para comprar um cabeçote valvulado Ampeg SVT e uma caixa SVT-810.

Estava finalmente pronto para fazer testes.

Naquela época, o *Recycler* era cheio de anúncios: "Banda que curte Cheap Trick, Aerosmith e Mott the Hoople procura baixista".

Sou eu!, pensava.

Colocava todo o meu equipamento no carro e o Buick ia arrastando no chão. Quando eu chegava aonde a banda estava, descarregava tudo.

Guitarristas têm sorte. Guitarras não são muito pesadas. Amplis de guitarra não são tão pesados quanto um SVT. Tudo o que os baixistas usam pesa mais. Baixistas e bateristas passam metade do tempo carregando equipamento.

Mas eu tirava tudo do carro, batia na porta e algum cara velho e careca atendia. O baterista parecia fazer parte de uma banda new wave. O guitarrista tinha cabelo comprido e parecia o tesoureiro do fã-clube local do Jimmy Page.

Ou então eram uns hippies velhos. "Crosby, Stills & Nash procuram o seu Neil Young" seria um anúncio mais honesto. E mesmo se o visual dos caras fosse maneiro o suficiente, eu montava as coisas e eles diziam: "Foreigner. 'Cold as Ice'".

"OK. Como é essa?"

Eu não tinha interesse em tocar músicas de outras bandas, mas era o que todo mundo queria tocar, porque todo mundo só queria saber do circuito de covers. Nele, você precisava tocar de Donna Summer a Led Zeppelin. Você precisava aceitar os pedidos do público e prever o que diferentes públicos iam querer ouvir. Mick Mars fazia parte dessa cena. Foi assim que ele se tornou um guitarrista monstruoso, quando tocava numa banda chamada Whitehorse. O Whitehorse tocava quatro sets por noite e ele tinha de saber esses quatro sets diferentes. Era como ser um Beatle em Hamburgo, você precisava saber tocar de tudo e acabava se aprimorado. Mas eu não estava interessado em "tudo".

"Queria tocar umas coisas minhas", eu dizia. "Tenho umas ideias legais."

"Não fazemos música autoral. Não dá dinheiro."

Ou eu fechava a boca e ia na onda:

"Foreigner. 'Cold as Ice'."

"Claro. Faz a contagem."

"Cara. O que é isso? Não é isso que o baixista faz."

"Estou fazendo como eu faço", eu dizia, e o teste chegava ao fim.

Chegou a um ponto em que eu nem tirava o equipamento do carro. Ia até o local do teste. Saía do carro. Mas só me dava ao trabalho de descarregar o equipamento se tivesse certeza de que valeria a pena.

Nunca valia, até que conheci Blackie, Lizzie e Dane.

London chamando

Capítulo 14

Blackie Lawless era um homem com uma missão. Crescera na igreja, então entendia de hinos e de harmonias vocais. Tinha um forte senso de melodia. Adorava os Beatles, mas você nunca imaginaria isso só de olhar para ele. Blackie era um homem gigantesco, de aparência rude, grande o bastante para ter, em dado momento, cogitado a carreira de jogador de beisebol. Agora, porém, ele se vestia todo de preto, e sua estética visual era decadente, grotesca: Alice Cooper com New York Dolls. Blackie chegou a tocar nos Dolls: substituiu Johnny Thunders quando este saiu no meio de uma das turnês e tocou guitarra ao lado de Sylvain nos dois últimos shows.

Isso tudo foi na Costa Leste. Porém, Blackie e o baixista dos Dolls, Arthur Kane, foram para o oeste e formaram o Killer Kane (que era o apelido de Arthur). Essa banda lançou um EP que não deu em nada. Quando Arthur voltou para Nova York, Blackie ficou em Los Angeles e formou o Sister.

Eu já estava exausto de tanto fazer testes. Algumas semanas antes, em agosto, eu havia ido até uma casa. O visual da banda era legal e o anúncio no *Recycler* dizia todas as coisas certas – mas o vocalista estava chorando.

"O que aconteceu?", perguntei.

"Você não ficou sabendo?"

"Acho que não…"

"Elvis morreu."

"Pois é. Certo. E aí? Nós vamos fazer o teste?"

"Qual é o seu problema, cara? Elvis Presley acabou de morrer!"

"Do que você está falando? Nós vamos tocar ou não?"

"Cara, você não entende."

"Entendo, sim", retruquei. "Só não estou nem aí. Foda-se."

Blackie era como eu. Mais tarde, ele encontraria – ou reencontraria – a religião. Mas, quando isso aconteceu, já fazia muito tempo que ele formara o W.A.S.P. e encarara Tipper Gore e o Parents Music Resource Center,[11] que tinha ido atrás de Blackie por conta da música "Animal (Fuck Like a Beast)". O Blackie que eu conhecia não estava nem aí – e, só para constar, estava certo em não estar. Tipper também foi atrás do Mötley Crüe. Não gostou da nossa música "Bastard". Nossa sensação foi de "bem, vá se foder, mas obrigado", porque os adesivos de aviso aos pais que o PMRC nos forçou a colocar nas capas na verdade aumentaram as vendas dos nossos álbuns.

Blackie era dois anos mais velho do que eu, numa época em que dois anos faziam uma certa diferença. Ele *realmente fizera parte dos Dolls*. Era um compositor consistente. Num mundo perfeito, "Mr. Cool", canção que ele fez com o Killer Kane, teria sido um grande hit, mas ainda não havia lugar para músicas que misturassem punk, glam rock e hard rock com pop tocado à maneira dos Raspberries e do Cheap Trick. Era a música que eu ouvia na minha cabeça. Foi o motivo pelo qual passei no teste. E o Sister, de qualquer modo, pareceu a banda certa logo de cara, não só por causa de Blackie, mas também por causa de Lizzie e Dane, e eu senti uma conexão imediata.

---

11. Em tradução livre, "Centro de Recursos Musicais para os Pais", comitê cofundado em 1985 por Tipper Gore, então esposa de Al Gore, senador e futuro ex-vice-presidente dos EUA, para regulamentar o acesso de crianças e adolescentes a músicas com conteúdo violento, sexual ou apologético às drogas, visando principalmente o rock e o hip-hop. (N. do T.)

London chamando

Lizzie era tão magro que os ossos de seu quadril eram protuberantes. Ele tinha cabelo preto e usava calças de cintura alta por dentro de botas altas – de forma que parecia elástico, como o personagem Gumby. Usava tops, que tornavam seus protuberantes ombros e seus esqueléticos braços em ossos ainda mais protuberantes e esqueléticos. Se visto de determinado ângulo, ele parecia uma bruxa, com aquele narigão e um sorrisão largo e esquisito. Era um deleite de pessoa, bom com as palavras – contava com todo um estoque de expressões de Shakespeare ou de poesia –, endiabrado e sagaz. Não se interessava tanto por prosa quanto eu, não lia muita ficção, mas havia tirado aquelas expressões de algum lugar. Pensava muito a respeito das letras. Tinha uma preferência por Ian Hunter e Lou Reed. Foi o primeiro cara com quem escrevi em parceria, e trocávamos ideias até o amanhecer ou até que um de nós apagasse.

Dane era como um deus loiro perto de Lizzie. Suas proporções eram perfeitas; de longe, não dava para saber se ele tinha 1,77, 1,72 ou 1,90 metro de altura. Ao se aproximar dele, você então via que ele tinha 1,93 metro e uma beleza quase de história em quadrinhos. A mandíbula de Dane era perfeitamente definida – quase definida demais para o rock'n'roll. Ele devia estar num anúncio de moda do Halston, não de maquiagem numa banda de rock. Mas esse era o visual dele. Por causa disso, talvez presumissem que Dane fosse apenas mais um loiro burro.

Que nada. Dane era provavelmente mais inteligente do que eu e Lizzie. Era certamente a voz da razão, o amigo que dizia: "Talvez seja melhor não arremessar essa garrafa".

Ou "Você vai *mesmo* dar um soco nesse cara? Fala sério!".

Dane nunca agia como se tivesse algo a provar. Era consistente. Porém, sacava a brincadeira: isso era rock'n'roll. Era rebelião. Era juventude. E era para ser idiota e divertido. Até hoje ele ri por entre os dentes quando relembro as velhas histórias – porque *lá atrás* ele já sabia que eram ridículas. Soube muito antes de nós. Não sei se Lizzie chegou a se dar conta de que era ridículo. Foi só na década passada que me caiu a ficha do quão ridículo eu fui. Dane, porém, parecia saber disso o tempo todo.

Não pela primeira vez, mas pela primeira vez em Los Angeles, senti que havia encontrado minha turma.

Eu ainda morava na frente da Hollywood High School quando a casa pegou fogo. Por sorte, eu não estava lá, e meu ampli e meu baixo estavam numa loja de penhores quando o incêndio começou. Àquela altura, eu havia largado o emprego na fábrica e estava trabalhando como balconista na Wherehouse Records, mas só recebia um salário mínimo. Era impossível manter o carro funcionando, então comecei a penhorar equipamento. Ao final da semana de trabalho, eu ia até o banco de sangue, doava e, juntando o cheque do trabalho e o dinheiro que recebia pelo sangue, tinha o suficiente para tirar minhas coisas do penhor. Depois, pegava uma carona até mais um teste.

A cada duas semanas eu repetia todo esse ciclo.

Devagar e nunca, juntei dinheiro suficiente para comprar um novo carro – um Volkswagen 1959 numa condição não muito melhor que a do Buick. Paguei apenas 100 dólares e nem me dei ao trabalho de licenciá-lo.

Nos anos 1970, a polícia não ligava. Nos anos 1980 também não. No dia em que descontei o primeiro cheque que recebi do Mötley Crüe, peguei os 6 mil dólares e fui imediatamente comprar um carro novo. Um Porsche 914 preto. Não me sobrou dinheiro para os impostos e o licenciamento e tive que ligar para Nona e Tom – que também não tinham dinheiro – para pedir emprestado. (Foi preciso cara de pau, embora eu tenha me certificado de pagá-los rapidamente.) Mas esse Porsche foi o primeiro carro que tive que não quebrava o tempo todo e que conseguia de fato subir todas as colinas do condado de Los Angeles. Era um conversível, e, depois que o Rainbow, o Roxy e o Whisky fechavam, eu o acelerava pelo Sunset Boulevard.

O Porsche era manual, é claro, e certa noite saí com Tommy e Blackie nele. Eu tenho 1,85 metro. Tommy tem 1,90. Blackie é mais alto do que Dane – e um Porsche 914 tem dois lugares e é mais ou menos do tamanho de um Mazda Miata. Não sei como coubemos nós três no carro, mas coubemos. Tínhamos uma garrafa de Jack e uma de vodca e íamos a bem mais de 160 quilômetros por hora quando uma viatura apareceu atrás de nós.

Os policiais nos mandaram descer. Estávamos vestidos de couro preto e um tanto quanto cambaleantes.

"Olhem só, caras. Vocês precisam ir mais devagar. E precisam jogar fora essas bebidas e dirigir com segurança. Por favor, vão para casa agora. E tenham cuidado", disseram.

Se fosse a minha mãe no carro, com um de seus namorados negros ou latinos, provavelmente teria sido outra história. Porém, naquela época, Los Angeles era basicamente um vale-tudo. Eu me safei de muita coisa. Em retrospecto, vejo que eu estava sempre trabalhando, sempre correndo atrás, sempre tentando fazer acontecer, mas não acredito que eu reconhecesse, na época, que era pobre, trabalhava em excesso e estava sozinho. O que me lembro muito mais vividamente é de caminhar pelo Hollywood Boulevard com Lizzie e Dane. *Star Wars* acabara de sair e havia pôsteres e outdoors do filme por toda a cidade. Os sapatos Capezio estavam na moda na época, e eu tinha um par branco. Tinha uma calça boca de sino com cadarços na frente e atrás e uma camiseta branca que cortara para deixar a barriga à mostra. Cabelo castanho comprido. Já me sentia um *rock star* ao desfilar por aí com meus dois amigos que também se sentiam *rock stars*.

Eu me lembro de olhar para as estrelas da Calçada da Fama: Ingrid Bergman, Rita Hayworth, Jayne Mansfield, Yul Brynner. Gente que eu conhecia da TV, que viera para Hollywood com o mesmo sonho.

Tínhamos um espaço barato para ensaiar em Long Beach. Quando fui lá pela primeira vez, nós quatro tocamos "Mr. Cool" – e foi isso. Éramos uma banda. Era tudo o que eu sempre tinha sonhado. Dane tinha uma bateria insana da North Drums – todos os tons eram em formato de tubo, enormes e futurísticos e incrivelmente altos. Não foi difícil cravar o ritmo. Seria complicado se não cravasse e, embora eu ainda fosse inexperiente, conduzi a cozinha como se minha vida dependesse disso.

Todas as minhas fantasias certamente dependiam disso.

Em seguida, fomos para o apartamento de Blackie, onde fui apresentado ao Thunderbird e ao Mad Dog 20/20 – vinhos fortificados e de alto teor alcoólico. Se você quer saber quão ruim o álcool pode ser, um gole de qualquer um deles pode te dar uma ideia. Mais alguns goles e você adentra um lugar perigoso. Porém, se tornou uma rotina: ensaio e, depois, drinques na casa de Blackie. Certa noite, Dane quase morreu à la John Bonham ao vomitar dormindo.

Nós quatro havíamos apagado. Dane estava no sofá pequeno de Blackie, cercado pelos galões de 250 litros em que Blackie fazia furos e colocava resistências de aquecimento. Era assim que ele pagava o aluguel, fazendo máquinas de fumaça para outras bandas. Blackie também tinha carpete felpudo verde e estava desmaiado no chão quando Dane vomitou em cima dele.

O cabelo de Blackie quase parecia um comercial de xampu, estendido em leque em cima do carpete. Só que agora o cabelo, o carpete e algumas outras coisas estavam cobertas de vômito. Quando Dane enfim acordou e viu o que tinha feito, saiu correndo do apartamento na hora. Eu teria corrido também: Blackie era intimidador. Éramos todos altos – de salto ou não, chamávamos atenção ao entrar no Rainbow. Mas Blackie era de Staten Island. Era maior, mais velho e mais barra-pesada do que nós e se impunha se e quando sentia que era necessário.

London chamando

Certa vez, num ensaio, ele se virou para Dane e disse: "Toque assim".

Dane concordou e tentou tocar sua parte do jeito de Blackie. Porém, aquilo que Blackie havia lhe pedido para fazer não estava funcionando.

"Vou tocar do meu jeito", disse Dane.

"Não. Toque do meu jeito."

"Não. Vou tocar assim…"

Depois de algumas rodadas disso, Blackie perguntou: "Você quer ir lá fora?".

Dane e Blackie saíram. Lizzie deu de ombros e eu e ele ficamos nos encarando. Cinco minutos depois, Dane e Blackie voltaram.

Os dois riam. Mais tarde naquela semana, Dane nos contou o que havia acontecido. "Eu pensei que fôssemos brigar, certo? Então, OK, me preparei. Mas Blackie chegou e falou, tipo, 'Olha, nós entramos nisso aqui pelos mesmos motivos, certo? Só queremos transar. Vamos trabalhar em conjunto?'. Ele não queria brigar. Só queria me convencer a fazer do jeito dele."

Esse era um resumo perfeito de Blackie. Ao olhar para ele, você via um cara ameaçador. Ao ouvir as músicas dele, ouvia canções ameaçadoras. Porém, Blackie sentado na praia em algum lugar, tocando músicas dos Beatles no violão e cantando as harmonias – esse é o verdadeiro Blackie, o Blackie interior que o mundo nunca viu. Mais tarde, quando compus "Shout at the Devil", acho que ele ficou puto. E como não ficar? Eu tinha pegado coisas dele. Peguei de Blackie o pentagrama do Mötley Crüe. Ele não usava mais – e eu pedi sua permissão. Mas peguei. Atear fogo em mim mesmo também era uma jogada do Blackie. Nunca o vi fazer, mas ele falava de jogar minhocas no público. Falava de derramar fluido de isqueiro no próprio corpo. Blackie estava sempre tentando inventar um jeito novo de chocar. Quando o conheci, ele já havia decidido não fazer mais nada disso, mas me contava dessas ideias e eu pensava: *Sério? Nesse caso, eu vou fazer então!* E fiz. Ensaiávamos no apartamento do Mötley: Vince e Tommy me ensopavam de fluido de isqueiro – e, obviamente, havia o carpete. É um milagre que não tenhamos morrido incendiados.

Blackie entendeu meu ponto de vista, mas acho que não tinha como não ficar puto. Eu também entendia o ponto de vista dele.

———————

Ensaiamos por três ou quatro semanas, no máximo. Podem ter sido duas ou três. E aí chegou a hora de gravar nossa demo. Isso era algo que Blackie sabia como fazer, mas o resto de nós não tinha experiência alguma com isso; éramos incrivelmente verdes. Nunca havíamos nem entrado num estúdio.

Fomos péssimos – e, de certo modo, foi a melhor coisa que poderia ter acontecido conosco. Nunca houve dúvidas de que o Sister era a banda de Blackie. Blackie montou a banda. Blackie cantava e compunha todas as músicas. Se ele não gostasse do que tocássemos para acompanhá-lo, não se acanhava em nos dizer. Não era como se estivéssemos sendo enganados: ao entrarmos, todos nós já sabíamos que, se íamos tocar com Blackie, a operação era dele. Eu já tinha dez ou doze músicas prontas. Lizzie também estava compondo e não via a hora de tocar as suas. Dane tinha as próprias ideias quanto ao jeito como queria tocar. Cedo ou tarde, íamos bater cabeças. Porém, esse momento chegou mais cedo do que esperávamos, porque, assim que Blackie ouviu o que gravamos, despediu nós três.

De bate-pronto, no ato: "Vocês estão fora. Já era. Não vamos mais fazer isso".

Doeu, mas havia um lado positivo: agora Lizzie, Dane e eu tínhamos muito mais espaço para fazer nosso próprio som.

Não tivemos que conversar nem pensar em continuar juntos. Só colocamos um anúncio no *Recycler* e começamos a fazer testes para vocalista.

Decidimos nos batizar de London, porque era de Londres que vinham as melhores bandas.

Spotlight

Capítulo 15

Conseguimos um espaço de ensaios em cima de um bar gay chamado Spotlight, que ficava na esquina da Selma Avenue com o Cahuenga Boulevard, a poucos quarteirões da Calçada da Fama, em Hollywood. A sala era minúscula – era como ensaiar dentro de um caminhão-baú –, mas usamos esse espaço durante todo o tempo em que fiz parte do London. Uma banda chamada The Mau Maus ensaiava na sala ao lado. Seis noites por semana, a partir das 18 horas, tocávamos por seis horas seguidas. Depois saímos no corredor, dávamos um oi aos Mau Maus, tomávamos umas e jogávamos conversa fora. Os Mau Maus, fizesse chuva ou sol, usavam sempre couro preto. Eram todos magérrimos, usavam quepes como se fossem oficiais da SS e rolava um uso leviano mas óbvio de drogas que eles só meio que tentavam esconder de nós.

Eu achava que aqueles caras estavam num outro nível, totalmente diferente. Eles nos ouviam, e nós os ouvíamos. Fomos vê-los tocar algumas vezes num clube *underground*. Estavam abrindo um nicho diferente para a banda, mas eu prestava atenção em qualquer um de quem eu pudesse roubar ideias ou tirar inspiração.

A cena gay também era novidade para mim. Se havia uma em Idaho, devia estar enterrada muito fundo. Mas as portas do Spotlight se abriam para uma esquina movimentada, e o público sempre transbordava do bar. Achávamos legal, nos lembrava Bowie e os New York

Dolls. Gostávamos de qualquer coisa que parecesse transgressora. Porém, não entrávamos no bar de fato, não por sermos menores de idade (ninguém ligava) ou por sermos hétero (ninguém ligava), mas porque éramos pobres. Em vez disso, dividíamos garrafas de Bacardi. Cada um comprava latas de refrigerante e nós passávamos o Bacardi para misturar com Coca-Cola até que a garrafa estivesse vazia. Era o nosso ritual: seis horas de ensaio e então caíamos na noite. Isso ficou tão cravado no meu cérebro e no meu pensamento que, quando fui fazer minha primeira tatuagem, pedi o emblema de morcego do Bacardi. O tatuador foi Robert Benedetti, o primeiro cara que vi com piercings no mamilo e tatuagens nas mãos. Hoje em dia, tenho tantas tatuagens que levaria um bom tempo até encontrar o morcego feito por Robert. (Por motivos que não me lembro mais, ele acrescentou uma lua ao desenho.) Na época, fiquei muito impressionado.

Havia um anúncio no *Recycler*: cômodo barato num antigo prédio *art déco*. Setenta mangos. Eu já poderia meio que pagar mesmo antes de convencer Dane, que dormia no carro, a se mudar comigo e dividir o aluguel. O apartamento pertencia a um fotógrafo que só trabalhava com preto e branco. Ele dormia no quarto, enquanto Dane e eu nos revezávamos no sofá da sala.

O prédio era cheio de velhos que pareciam que moravam ali desde a Primeira Guerra Mundial. Sempre levavam tombos, talvez morressem – as ambulâncias chegavam a qualquer hora do dia ou da noite, com as sirenes a mil. Ou ficavam presos nos elevadores, que sempre paravam um pouco acima ou um pouco abaixo da altura que deveriam parar. Mas o valor do aluguel era bom, e Craig, o fotógrafo, era talentoso e tranquilo. As fotos dele eram todas supergranuladas e sofisticadas.

Foi lá que li *Diary of a Rock'n'Roll Star*, de Ian Hunter, que se tornou uma inspiração para o meu livro *Diários da heroína*. Há um trecho do livro de Hunter que me marcou muito. É uma parte em que ele fala de como todos da banda são ingleses, não tomam muito sol, e cá estão, à beira da piscina de um hotel Tropicana em algum lugar ensolarado. Descreve as botas plataforma do guitarrista e as estrelas na calça jeans do baterista.

Nosso apartamento era bem alto, e dava para ver as casas vizinhas. No final do quarteirão, havia um prédio com piscina. Falei para Dane que, se conseguíssemos convencer Craig a tirar fotos nossas ao redor dessa piscina, ia parecer a cena descrita por Hunter.

Tínhamos de pular algumas cercas para chegar lá, mas, um dia, nos empolgamos. Na época, éramos em cinco na banda e fomos até lá. Bem quando estávamos nos dispondo ao redor da piscina, vimos um cara correndo em nossa direção com um taco de beisebol na mão.

Saímos correndo pelo saguão do prédio com o maníaco rodando o taco logo atrás de nós. Assim que chegamos à porta, ele levantou o taco bem alto e meteu um baita golpe. Em vez de nos acertar, acertou um lustre de vidro. O lustre se estilhaçou, foi vidro para todo lado, e o cara atacou de novo – devia ser meio maluco. Dava para ver no olhar dele que tinha um parafuso a menos. Ele poderia ter nos matado ou nos espancado quase até a morte, mas ficamos tão surpresos e assustados que nem nos ocorreu partir para cima dele.

Por que nós cinco não o derrubamos? Ele era só um; mas estava determinado. Nós também estávamos, mas ele tinha um taco de beisebol e nós só tínhamos a banda.

Dane começou a trabalhar limpando piscinas: Beverly Hills, Bel Air. Todas as casas eram mansões. Quando eu tinha folga do serviço, eu ia com ele.

Uma das casas onde Dane ia trabalhar era a de James Caan.

A casa era enorme – se não me falha a memória, Caan a comprara de Carl Wilson, dos Beach Boys. Mas, enfim, Dane ficou com a conta de James Caan. O ator não sabia a nossa aparência e, enquanto trabalhávamos, ele saiu correndo da casa, gritando e girando uma corda como se fosse um laço, coisa que por acaso ele tinha por ser um astro do cinema, e astros do cinema sempre ganham laços em algum momento.

Foi muito estranho. Foi como uma reprise do que tinha acontecido conosco com o maluco do taco de beisebol. Acho que o James Caan estranhou nossa aparência: dois limpadores de piscina que não usavam bermuda e camisa havaiana, como todos os limpadores costumavam usar. A essa altura, minhas roupas de rock já eram minhas roupas do dia a dia – eu não tinha outras peças –, e Dane já tinha seu próprio traje rock'n'roll.

Caan gritou e girou o laço até que finalmente se acalmou. O mais engraçado é que Dane limpou a piscina dele por um tempo e ele só enrolava para pagar. Quando Dane enfim o pressionou e o fez prometer que ia pagar, Caan, por meio de seu contador, enviou um cheque não assinado. Dane mandou o cheque de volta e o contador enviou outro – mas, dessa vez, o número da conta estava borrado e ilegível.

Isso prosseguiu por mais um bom tempo e se tornou um grande estorvo. James Caan era um astro do cinema. Tinha um laço. Tinha uma mansão em Beverly Hills. A única coisa que não tinha eram os 45 dólares que ele devia a Dane por limpar sua piscina.

Sentíamos que no meio disso aí havia uma lição valiosa, mas não acho que soubéssemos qual era ela.

Depois disso, nós três fomos trabalhar como vendedores de lâmpada em algum lugar no Sunset Boulevard. O escritório ficava onde hoje é um estúdio de gravação – ouvi falar que o dono é um dos caras do Devo. Na época, era um conjunto de cubículos, cada um com uma cadeira, um telefone velho, uma lista telefônica e só. Toda manhã, dávamos telefonemas para tentar vender as lâmpadas por um preço duas ou três vezes mais alto do que elas realmente custavam. Era basicamente um jogo de números: se déssemos telefonemas o bastante, alguém ia acabar comprando. Essa única pessoa cobria o custo das outras ligações.

Eu escolhia um nome na lista telefônica. "Bob Archibald?" Então dizia a Bob o nome da empresa. Tinha uma sonoridade imponente, e às vezes dava certo.

"Conta para mim, Bob. Quantas luminárias você tem em casa? Dezesseis? E quantas delas estão pretas na borda? Porque, se estiverem pretas, vão pegar fogo. Você tem lâmpadas queimadas? Isso também pode ser perigoso."

Todos os dias fazíamos algumas vendas. E então Lizzie teve uma ideia.

"Por que estamos trabalhando para outra pessoa? Por que não abrimos nossa própria empresa?"

Bolamos o nome GEL – General Electric Light. Era completamente irregular e ilegal, mas inventamos um logo, compramos macacões e mandamos fazer camisetas. Dávamos alguns telefonemas e, uma hora depois, levávamos um monte de lâmpadas aos clientes. Pegávamos todas as lâmpadas velhas deles e depois as vendíamos mais adiante.

O golpe funcionava mesmo. Abrimos uma conta de pessoa jurídica num banco. Ninguém pediu nossa identidade.

Lizzie arrumou um ímã que dizia "General Electric Light" e colocou na lateral de sua lata velha, na qual chegava usando um macacão surrado. Nós três usávamos nomes falsos. Eu era Nick Johnson. Dane usava o nome do cara que agendava bandas para um clube chamado Starwood: "Sou David Forrest", ele dizia. Lizzie usava seu nome verdadeiro, Steve Perry. Ele não gostava do nome por causa do outro Steve Perry, que era o vocalista do Journey. Mas, para a nossa empresa, era perfeito.

E então Lizzie teve outra ideia. Ligava para alguém que já tinha comprado conosco e falava numa voz meio esquisita, tipo a de alguém chapado ou só muito lerdo. Falava *muito* devagar, como se desafiando o cliente a desligar na cara dele. Inevitavelmente, acontecia. O cliente desligava. Depois, com sua voz verdadeira, ligava de novo.

"Oi, aqui é Steve Perry, da GE. Estou ligando apenas para confirmar seu pedido de 12 lâmpadas Watt-Miser de dois metros e meio."

Spotlight

O cliente surtava.

"O quê? Eu não pedi absolutamente nada".

O cliente espumava de raiva. Sempre dizia algo como: "Um idiota aí me ligou, mas eu não encomendei porcaria de lâmpada nenhuma".

Lizzie fazia uma pausa. Ficava muito sério, embora Dane e eu fizéssemos caretas para ele. Ele então dizia: "Sabe de uma coisa? Sinto muito. Mas é a última vez que esse cara fez besteira. Vou demitir esse imbecil. Ele já era. Não é problema meu se ele não vai ter onde morar ou o que comer."

De repente, o cliente amansava.

"Quer saber?", dizia. "Pode fechar o pedido. O cara foi legal; não quero arrumar encrenca para ele."

Lizzie era esse tipo de pensador. Sua veia maliciosa transparecia em tudo o que ele fazia: em suas letras, em seu jeito de tocar guitarra. No jeito como desfilava de top pelo Hollywood Boulevard. Era um prazer estar na companhia dele.

Nikki Nine

Capítulo 16

O The Doors era a banda da casa no Whisky a Go Go – pelo menos até Jim Morrison começar a cantar sobre querer transar com a própria mãe. O Buffalo Springfield estreou no Troubadour. Os Byrds foram a banda da casa no Ciro's, perto dali. O Gazzarri's, no La Cienega Boulevard,[12] contara com uma banda da casa liderada pelo ator Edward James Olmos. O dono – o próprio Gazzarri – gostava de se vestir com ternos risca de giz de lapela larga, como um gângster *old school* de Chicago. Foi na Sunset Strip que os anos 1960 aconteceram em Los Angeles. Lá ficavam as melhores lojas de discos e as butiques que atendiam aos *mods* e aos hippies. Havia lojas de instrumentos musicais, gravadoras, estúdios: Sunset Sound, Western Recorders, A&M, RCA (onde os Stones gravaram "Satisfaction"). A Strip teve até seus próprios tumultos, que aconteceram em 1966, quando milhares de jovens foram à loucura para protestar contra um toque de recolher às dez da noite que a prefeitura tentava impor. A música mais conhecida do Buffalo Springfield fala justamente disso – não do Vietnã, nem de direitos civis. "For What It's Worth" é uma música de protesto sobre os tumultos na Sunset Strip.

---

12. Em 1965, o Gazzarri's se mudou do La Cienega para o Sunset Boulevard. (N. do T.)

Até os hotéis da Sunset eram famosos: o Chateau Marmont e o Hyatt House, que todo mundo chamava de Riot House.[13] Keith Richards e Keith Moon arremessaram TVs das sacadas. John Bonham andava de Harley pelos corredores. Todas as estripulias de *rock star* que você pode imaginar – e algumas que você provavelmente não pode – aconteciam com frequência.

Quando a Motown saiu de Detroit, foi para um escritório na Sunset. O Rainbow foi inaugurado em 1972. A English Disco de Rodney Bingenheimer se tornou uma casa longe de casa para expatriados ingleses: David Bowie, Elton John, John Lennon, Mick Jagger. Até as groupies eram famosas na casa. O Roxy inaugurou em 1973. E aí, em 1974, o Van Halen começou a tocar regularmente no Gazzarri's.

O Van Halen era a maior banda de festa de quintal de Pasadena, quando Eddie e Alex ainda estavam no ensino médio. Sempre que tocavam, a escola inteira ia. Mas o Gazzarri's foi a Hamburgo do Van Halen: o lugar onde tocavam três ou quatro sets por noite, e se tornaram afiadíssimos.

Quando cheguei a Hollywood, o Van Halen já era maior do que os clubes. Do Gazzarri's, passaram para casas maiores, como o Starwood, e a abrir para o Black Sabbath e dividir a posição de *headliners* com o Aerosmith. Porém, eles foram uma parte tão forte da cena por tanto tempo que a ausência deles ainda era perceptível: parecia mais palpável do que um vácuo. Depois disso, a cena se estilhaçou. Havia os punks da velha guarda e os novos punks que vinham de Orange County. Havia os primeiros sinais da new wave. Agora, a maior banda de hard rock a tocar nos clubes era o Quiet Riot, fácil.

O Quiet Riot era a banda de Randy Rhoads. Depois de Eddie Van Halen, Rhoads era o guitarrista mais interessante e inovador de

---

13. Trocadilho com a pronúncia do nome do hotel, gerando algo como "Casa da Balbúrdia". (N. do T.)

Los Angeles. Seus pais eram professores de música. Quando o pai de Randy abandonou a família, sua mãe abriu uma escola de música para pagar o aluguel. Randy era o melhor aluno. Tocava violão erudito, o que é possível perceber ao ouvir seus solos com atenção. Estudava teoria. Fez aula por apenas um ano até o professor afirmar que não havia mais nada que pudesse lhe ensinar.

Randy era baixinho e loiro, parecia um duende. Usava roupas de bolinhas, coletes e gravatas-borboleta, e eu tirava todo mundo do caminho até chegar no gargarejo sempre que o Quiet Riot tocava. Dali, observava boquiaberto o que ele fazia.

O vocalista do Quiet Riot também era excelente. Kevin DuBrow adorava Steve Marriott e os Small Faces. Marriott foi uma das maiores vozes do rock'n'roll – Jimmy Page o queria no Led Zeppelin antes de optar por Robert Plant –, mas DuBrow não passava vergonha ao dar o melhor de si para imitá-lo. Ele também tinha uma baita voz.

Acompanhávamos de perto o Quiet Riot, e pude passar um tempo com os caras da banda.

Randy e eu nunca chegamos a nos tornar muito próximos, mas curtíamos juntos os shows no Starwood, onde o Quiet Riot era a atração principal. Jogávamos fliperama juntos e bebíamos o drinque de preferência de Randy, gim-tônica. Muito gim-tônica. As ressacas eram intensas, mas valia a pena passar um tempo com Randy. Também tocávamos juntos – não com muita frequência, mas de vez em quando. Eu ia no meu Volkswagen até Burbank, onde ele ainda morava com a mãe. Levava meu cabeçote e minha caixa SVT e ela nos ajudava a empurrá-los da frente da casa até o quarto de Randy. Ele tinha um pôster de Jimi Hendrix, um colchão de casal no chão e um ampli – acho que podia ser um pequeno Fender Reverb – que deixava virado para a parede.

"Por que você deixa o ampli assim?", perguntei.

"Gosto do som que sai da parte de trás."

O Quiet Riot já tinha gravado dois discos, mas que só haviam saído no Japão. Por mais que fossem grandes na cena, isso parecia não importar: todas as gravadoras estadunidenses davam as costas ao hard rock. As guitarras estavam em baixa e os sintetizadores, em alta. Mas Randy colocou os álbuns para eu ouvir e fiquei impressionado. Eram consistentes, até mais do que consistentes. Tinha uma música ótima chamada "Slick Black Cadillac". Randy me ensinou a tocá-la, e eu também mostrei a ele as músicas que eu vinha compondo. Depois, nos sentávamos à mesa com a mãe dele para comer. Porém, no fundo, eu tentava achar algo para criticar em Randy, em Kevin, na fama do Quiet Riot.

Devia ser 1978, porque foi em 1978 que conheci o baixista do Quiet Riot, Rudy Sarzo. Na verdade, tenho certeza de que era, porque até hoje Rudy e eu nos chamamos pelo mesmo apelido: "78".

Mas, naquele ano, quase tomei o lugar que seria de Rudy.

Kevin DuBrow trombou comigo no Starwood e me chamou para ir à casa dele no dia seguinte. Fui e fiquei surpreso com o quanto o lugar era chique. Ninguém que eu conhecia na época tinha um apartamento que fosse minimamente bacana como o de Kevin. Eu não sabia, mas DuBrow tinha dinheiro de família. O apartamento tinha móveis bons e um aparelho de som sofisticado com os maiores alto-falantes que eu já vira.

Nos anos 1970, nos sentávamos no chão para ouvir música. Ouvíamos Slade, Sweet, Bad Company e algumas coisas do Steve Marriott. Kevin colocou para tocar algumas músicas dos álbuns japoneses do Quiet Riot e disse: "Olha só, estamos pensando em dispensar nosso baixista…"

Recusei no ato, e ele acabou contratando Rudy.

Hoje, penso: *Ele tinha um contrato com uma gravadora. Por que desperdicei essa chance?*

Kevin era um cantor muito bom. Tinha a vida feita, e sua banda contava com o melhor guitarrista depois de Eddie Van Halen. Eu era um caipira que acabara de descer do ônibus vindo de Idaho.

ÁLBUM DE RECORTES

CH-CH-CH-CH-CHANGES

COM ANGIE, 1978

CABELO PRETÍSSIMO, NEM AÍ

JOHN ST. JOHN, EU E LIZZIE

DANE

LIZZIE

QUALQUER COISA PARA CHAMAR A ATENÇÃO

PRESTES A DOMINAR

NO STARWOOD

O MUNDO

Porém, mesmo naquela época, pensei: *Eu tenho minhas próprias ideias*.

Acho que, naquele momento, Kevin se voltou contra mim. O fato de que sua banda seguinte, o DuBrow, abriu para o Mötley Crüe não ajudou. Mais tarde, depois da morte de Randy e de Kevin ter reformulado o Quiet Riot, ele não parava de falar coisas desagradáveis sobre mim e o Mötley, especialmente na imprensa.

Não levo na esportiva esse tipo de coisa. Revidei e ataquei DuBrow onde eu sabia que arderia mais.

Desde o dia em que o conheci (e, imagino, por um bom tempo antes disso), Kevin vinha perdendo cabelo. Ele usava um produto esquisito que vinha numa lata para disfarçar as falhas e a aparência de seu cabelo ralo – mas o tiro saía pela culatra, porque, no palco, debaixo das luzes, aquele negócio preto começava a escorrer por seu rosto.

Quando ele começou a me esculachar na imprensa e eu passei a receber telefonemas pedindo alguma resposta, eu só falava do cabelo dele. Dizia que ele estava amargurado porque estava ficando careca.

Acho que ambos fomos babacas. Mas também, como meu tio Don poderia ter me dito, o *show business* tem a ver com negócios, não com amizades. Hoje, sou grato a Kevin. Quando o London estava começando, víamos o Quiet Riot tocar no Starwood, lotando a casa aos fins de semana, e dizíamos a nós mesmos: "Cara, um dia talvez a gente possa fazer isso. Nossa banda pode ter isso um dia". Randy e Kevin estabeleceram um patamar alto.

Foi por volta dessa mesma época que fui morar com Angie, que compunha e cantava numa banda chamada Tripper e estudava jornalismo na Universidade do Sul da Califórnia. Eu havia feito um teste para o Tripper, fui até Hawthorn com meu baixo Fender e todo o meu equipamento, só para descobrir que não gostava do guitarrista. Ele tinha cabelo cacheado, e eu tinha a firme opinião de que não havia lugar para cabelo cacheado no rock'n'roll. Pior do que o cabelo, ele gostava de Rush – queria aquele som de baixo magro, complexo, meio Rickenbacker. Eu detestava o Rush. Gostava de som de baixo gordo e cheio, com muito grave.

Na verdade, detesto o Rush até hoje. Entendo que são caras talentosos. Mas talvez eu te pergunte "Você gosta de Rush?". Se eu te perguntar, a resposta deve ser "não". Caso contrário, provavelmente não vamos criar muita amizade.

Já Angie e eu nos demos bem. Detestávamos as mesmas bandas. Gostávamos das mesmas bandas. Gostávamos das mesmas roupas. Armávamos o cabelo do mesmo jeito. Quando minha casa no Hollywood Boulevard pegou fogo, fui morar no apartamento dela na Beachwood Drive. A princípio, éramos três: Angie, Lisa, que dividia o apartamento com ela, e eu. Porém, não me dava bem com Lisa – era como um repeteco das minhas interações com o guitarrista de Angie, com a diferença de que eu não precisava tocar na banda dele. Já com Lisa, eu precisava morar com ela. Dia sim, dia não, ela estava lá.

Eu gostava do apartamento. Gostava de Beachwood Canyon, que era um lugar cheio de aspirantes a músicos, escritores, artistas e atores. Estava bem claro: Lisa teria de ir embora ou Angie e eu iríamos. Porém, a situação se resolveu sozinha quando decidi tingir o cabelo de preto na banheira.

Eu tinha muito cabelo, e toda aquela tinta preta – foi preciso muita tinta – manchou o banheiro inteiro.

"Isso é muito nojento", disse Lisa ao chegar em casa. "É muito, muito… nojento."

"Se você não gosta, não precisa ficar aqui", eu disse a ela.

Houve alguns gritos, e Lisa pode ter quebrado alguns de nossos pratos ao sair. Mas foi a última vez que a vi.

Angie e eu saíamos de casal com Lizzie e a namorada dele – que também se chamava Lisa. Eu não conseguia me livrar das Lisas. Íamos ao Rainbow, onde aconteceu o primeiro encontro de Joe DiMaggio e Marilyn Monroe, ou tomávamos umas e caminhávamos pela Strip inteira. Íamos a shows e passávamos metade da madrugada acordados, bebendo pós-rolê. Quando o Aerosmith fez um show particular sob o nome de Dr. J Jones and the Interns, estávamos lá. Em seguida, desenhei tudo numa sequência de guardanapos: onde Steven Tyler e Joe Perry ficaram, como se moveram, todas as coisas que eles poderiam ter feito para aproveitar o palco ainda mais. Eu estava sempre pensando, sempre bolando estratégias, sempre perambulando pelos clubes.

Angie saía muito também, porque escrevia sobre bandas para o *Anaheim Bulletin*.

Uma dessas bandas era o Squeeze – Squeeze, a banda cover californiana, não a banda pop inglesa. Angie tinha saído com o *frontman*, Jeff Nicholson. Ela havia desenhado o logo da banda, que eu vi ao folhear um de seus cadernos. Achei que ela fez um ótimo trabalho, um desenho de um cara de maquiagem à la Kiss apertando uma mulher na mão, como King Kong apertando Fay Wray.

O Squeeze era de Riverside. Eu nunca tinha ido a Riverside, nem ouvido falar do Squeeze. Mas fiquei interessado e fiz algumas perguntas.

Jeff cantava e tocava baixo. Ele aparecera na cena tocando em bandas cover com Sammy Hagar.

Depois, disse Angie, Sammy e ele seguiram cada um seu caminho. Jeff formou o Squeeze e se deu um nome artístico: Niki Syxx.

Adorei o nome logo de cara – embora faltasse aquele *k* extra maneiro. Naquele exato momento, decidi roubá-lo.

Por um tempo, me apresentei como Nikki London, mas isso acabou causando problemas, por causa daquilo que chamávamos de

"Síndrome de Van Halen". O London não era a minha banda da forma como o Sister era a de Blackie. O London era mais democrático e, a menos que Lizzie, Dane e eu fizéssemos o que os Ramones fizeram – ou seja, a menos que Lizzie e Dane também usassem o sobrenome London –, seria difícil evitar a impressão de que era a *minha* banda, e não a banda dos três.

Eu precisava fazer alguma coisa rápido. Estávamos começando a conseguir shows melhores, em noites melhores, em lugares maiores. Podíamos sentir que estávamos superando Randy e Kevin e todo mundo na Strip.

Na minha cabeça, não havia dúvidas: seríamos gigantes.

Pensei a respeito por um tempo. "Nikki Nine" entrou em cena brevemente. Gostava da sonoridade de Nikki Nine: barra-pesada e punk rock.

E então pensei *Foda-se*.

"OK", disse a Angie. "Vou ser Nikki Sixx."

"Frank!", retrucou ela. "Você não pode simplesmente *ser* Nikki Sixx! É o nome artístico do Jeff!"

"E daí? Ele nunca vai fazer sucesso."

Niki Syxx

Capítulo 17

Eu estava certo. O Squeeze não fez sucesso. Nem poderia, porque, em 1979, Jeff virou evangélico.

Ouvi dizer que hoje em dia ele mora no Oregon, toca música cristã, prega o evangelho e lamenta sua antiga e depravada vida no rock'n'roll. Jeff acha que o rock'n'roll é a música do diabo. Para ele, eu ter roubado seu nome é o menor dos meus pecados e dos meus problemas, e ele acha que, sem dúvida, vou para o inferno de qualquer forma.

Jeff chegou até a publicar um panfleto: "Confissões de um roqueiro, por Niki Syxx".

"Meu nome é Niki Syxx... O quê???", começa o texto.

> O Nikki Sixx não é o baixista do Mötley Crüe? Sim, é. Mas o nome verdadeiro dele é Frank e o meu nome verdadeiro é Jeff. Então como é que nós acabamos com o mesmo nome artístico? Bem, anos atrás, antes da formação do Mötley Crüe, fiz parte de uma banda popular no sul da Califórnia chamada "Squeeze" e decidi que meu nome era simples demais e que eu precisava de um nome artístico. Como meu sobrenome é Nicholson, pensei em me chamar de "Niki", mas não consegui bolar um sobrenome que combinasse. Então, certo dia, dirigindo por Newport Beach, vi o nome Niki 6 na placa de uma Mercedes... então, pelos próximos cinco anos da minha vida, fui "Niki Syxx".

Em seguida, diz Niki, eu conheci Angie.

Alguns anos depois, Frank começou a namorar uma garota que, algum tempo antes, havia tirado fotos do Squeeze. Certo dia, ele abriu o álbum dela, viu as fotos e ficou interessado no meu nome artístico. Depois de descobrir que na época eu não estava mais tocando, ele decidiu pegar o nome para si. Mais tarde, admitiu isso na revista *BAM*. Em todo caso, ele pode ficar com o nome, e eu quero lhes contar o porquê.

Bem, mais ou menos isso. Mais ou menos...

Jeff e Angie namoraram por mais de um ano, então ele a chamar de "uma garota" que havia tirado fotos dele é um pouco falacioso. Mas numa coisa Jeff está certo: eu *nunca* menti em relação a isso. Se me perguntassem, eu diria aos repórteres: "Eu, Nikki London, decidi ficar não apenas com a namorada do cara, mas também com o nome dele".

E daí? Eu nunca tinha nem ouvido falar no cara até Angie me mostrar seu caderno. Eu não estava nem aí, e o que isso importava? Não era como se eu tivesse roubado o nome do Johnny Thunders.

Sou o primeiro a admitir que fiz isso sem nenhum pudor. Mas *sem pudores* não é apenas outro termo para "rock'n'roll"?

Nigel

Capítulo 18

O London tinha uma arma secreta. Seu nome era John St. John. John era um pianista de formação erudita, canhoto, e tocava órgão Hammond com uma caixa Leslie. A combinação desses três elementos nos dava um grave mais volumoso e assustador do que qualquer outra coisa na Strip. Isso me dava liberdade para marcar as semínimas com muito mais profundidade e tocar muito mais cravado com Dane.

Além disso, John tinha um Orchestron – um dos primeiros teclados com *samplers*. Era um pesadelo fazer aquele negócio funcionar. Desafinava só de você olhar para ele, mas soava exatamente como um órgão de tubo. Também podia soar como violoncelo, flauta, trompa ou um coro completo. Era algo muito novo e muito caro: naquela época, o Orchestron era mais usado para fazer trilha sonora de filmes. E mais uma coisa que nos destacava da maioria.

Seguíamos ensaiando seis horas por noite, mas não conseguíamos encontrar o vocalista certo. Fizemos testes com alguns lixos de primeira linha, até que chegamos ao ponto em que Lizzie disse: "Vou tentar cantar".

"Eu também", completei.

Foi a primeira vez que tentei cantar o vocal principal em vez de fazer *backing vocal*, e foi uma atrocidade – pior até do que os punks. Então tentei cantar com mais força, mas minha voz não aguentou.

Lizzie era melhor, mas não bom o bastante, e tivemos de voltar a fazer testes. Steven Toth fez parte da banda por um curto período. Ele havia cantado num grupo chamado Faze, do Valley, que era uma espécie de banda de rock progressivo de festa. Tinha uma voz aguda distinta e era um cara legal, ponta firme. Mas não era muito grande, e, na época, eu tinha todo tipo de regra para se tocar rock'n'roll. Se você fosse baixinho, tinha de ser tão bom quanto Randy Rhoads. Para fazer parte de uma banda, precisava ter cabelo, mas cabelo cacheado era proibido. Uma banda tinha de ter um certo visual e, de salto, Lizzie, Dane e eu ficávamos com quase 2,10 metros. Steve precisaria de pernas de pau. Ensaiamos e concordamos amigavelmente em nos separar antes de tocarmos juntos em público.

E então, por meio de um anúncio no *Recycler*, encontramos Henry Valentine.

Henry era mais velho do que nós – devia ter uns 29, talvez 30 anos – e tinha muito mais experiência musical. Conhecia teoria e nos ensinou muito em termos de arranjos, estrutura, dinâmica. No entanto, Henry tinha idade o bastante para ter sido um autêntico hippie e seguia sendo hippie – era muito mais sossegado do que nós. Não era faminto, simplesmente não tinha nenhuma angústia.

Isso foi na época em que conseguíamos passar um dia e uma noite inteiros sem comer. Depois dos ensaios talvez fôssemos ao Rainbow e convencêssemos garotas a nos pagar bebidas e pizzas em algum lugar – e só nos alimentávamos disso naquele dia. Íamos para casa com essa ou aquela garota, saíamos da cama umas três ou quatro da tarde, chegávamos ao ensaio às seis e, à meia-noite, repetíamos o processo.

Angie e eu éramos incrivelmente jovens. Eu me importava com ela. Fazia o máximo para ser bom com ela e ela cuidava bem de mim. Mas era outra época e eu estava focado em muitas coisas diferentes. A monogamia não estava no topo dessa lista.

Nigel

Eu trabalhava dia e noite nos nossos sets, no nosso figurino, nas nossas músicas. Compunha no baixo e na guitarra. Aluguei um piano que usava para compor coisas na linha do Mott the Hoople. Fazia muitos corres para conseguir shows. Acabamos tocando no Troubadour e em mais lugares em Orange Country. Tocamos em botecos nos arredores de Los Angeles. Conseguimos algumas datas no Starwood: dias de semana, entradas à meia-noite e às 20 horas – horários terríveis. Insistimos e enfim conseguimos tocar aos fins de semana. Eu divulgava a banda incessantemente. Naquela época, ia até uma gráfica e perguntava: "Qual é o maior tamanho de pôster que vocês têm?".

Apontavam para algo que era pequeno demais.

"Só isso? Não dá para ser maior?"

"Bem, acho que dá para fazer. Mas se passar desse tamanho o preço dobra."

"Quanto?"

É difícil lembrar dos valores exatos, mas digamos que o preço de mil pôsteres grandes ficasse em torno de 100 dólares.

"OK, vou pensar", eu dizia.

Então ia até outra gráfica.

"Oi. A gráfica ali da outra quadra consegue fazer pôsteres de 60 por 90 centímetros, vocês conseguem?"

"Acho que sim."

"Eles disseram que fazem mil por 50 mangos."

"Ah, nossa. Caramba. Acho que conseguimos por 75…"

Setenta e cinco dólares era muito dinheiro. Setenta e cinco dólares era um mês inteiro de aluguel onde eu morava com Dane e Craig, o fotógrafo, então coloquei um anúncio no *Recycler*: "Piano vertical à venda: US$ 250".

Isso pagou por muitos pôsteres, e o resto eu investi na banda.

Naquela época, eu investia tudo na banda. Investia tudo no Mötley Crüe também, por um bom tempo depois de tê-lo criado. Todo o dinheiro que ganhávamos naquela época ia para equipamentos melhores e PAs maiores, para os cenários, figurinos, iluminação – para o que pudéssemos fazer a fim de apresentar o melhor, maior e mais inesquecível show que já passara pela sua cidade.

Mas, uma semana depois que vendi o piano (que nunca foi meu), ouvi uma batida na porta.

"Quem é?", Dane perguntou.

"Polícia de Los Angeles."

Coloquei a mão no ombro dele e sussurrei: "Não estou em casa".

Porém, foi só Dane entreabrir a porta que os detetives a empurraram e entraram.

"Estamos procurando por Frank Feranna."

"Não tem ninguém aqui com esse nome", falei.

"Como vocês se chamam?"

"Ele é Dane e eu sou Nikki Sixx."

"Onde está o Feranna?"

"Se mudou daqui. Não deixou endereço."

A polícia nunca pegou Frank – ao menos não por causa daquele piano. Craig não ficou muito feliz quando soube do ocorrido. Porém, foi a leva seguinte de pôsteres que nos despejou. Para pagar por ela, usei o dinheiro do aluguel. Para Craig, foi a gota d'água.

Foi aí que fui morar com Angie, e Dane voltou a dormir no carro – um Volkswagen como o que eu tinha. Não era muito confortável para ele, mas valia a pena.

Tommy Lee tinha um desses pôsteres do London de 60 por 90 na parede do quarto. Era apenas um garoto, novo demais para entrar nos clubes, mas era um grande fã do London. Muitos garotos eram. No boca a boca, depois de uns seis ou oito meses de corre, enfim conseguimos um bom horário de fim de semana no Starwood.

A essa altura, todos nós já havíamos concordado em dispensar Henry Valentine.

Nigel

O problema não era Henry ser sossegado demais. Era ele se parecer e soar demais como Robert Plant e querer seguir direções mais *mainstream*. No último ensaio que fizemos antes de um show grande, decidimos juntos que aquela seria sua última apresentação com o London.

Dane já tinha colocado um anúncio no *Recycler*: "Procuramos vocalista influenciado por David Bowie, Freddie Mercury ou Nigel Benjamin".

Nigel Benjamin era o vocalista que entrara no lugar de Ian Hunter no Mott the Hoople. Era ele quem cantava "No Such Thing as Rock and Roll" – música que fazia a nossa cabeça pirar. Não há efeitos de voz nela. Não há harmonizador nem corretor de afinação – essas coisas ainda não haviam sido inventadas. A canção começa lenta, mas, quando abre, Nigel faz umas coisas impressionantes.

Ian Hunter era um pouco como Bob Dylan, um letrista e compositor incrível. Ao ouvi-lo, eu pensava em Burroughs e Bukowski. Mas Nigel Benjamin era um *cantor* incrível – como David Bowie, só que com mais alcance. Além disso, colocar o nome dele no anúncio e não o de Hunter parecia um bom jeito de separar o joio do trigo: se você soubesse quem era Nigel Benjamin, decerto era alguém sério.

Fizemos então o último show com Henry. Depois, no *backstage*, um cara me abordou.

Era um pouco mais velho, tinha a barba por fazer e usava um blazer muito largo.

"Oi", disse ele. "Sou o Nigel."

"Nigel?"

"Nigel Benjamin."

Olhei-o de cima a baixo. Era inglês. O sotaque era aquele mesmo. Não era um cara feio. Era forte e magro. Mas seu visual era muito *Miami Vice*, e *Miami Vice* não existia ainda. Para mim, ele só parecia um vagabundo.

"Legal", eu ri. Dei as costas para ele e comecei a falar com outra pessoa.

Dane, porém, continuou a observá-lo. Alguma coisa naquele vagabundo chamou a atenção de nosso baterista.

"Vi o anúncio de vocês", o cara disse a Dane. "Achei que teria uma chance, sabe?"

Dane riu.

"Quantas oitavas você consegue alcançar?", perguntou.

O cara piscou e olhou para Dane com uma expressão entediada e vazia.

"Eu canto todas, não?"

"Quero dizer, quão agudo você consegue cantar?"

"Quão agudo eu quiser."

"Mas *quão agudo*? Quero dizer… numa guitarra. Quantas notas que há numa guitarra você consegue cantar?"

"Consigo cantar todas as notas, porra."

De jeito nenhum aquele vagabundo era Nigel. Mas Dane e Lizzie ficaram meio convencidos – talvez mais do que meio. Foram até Venice Beach, onde o cara morava, para se certificar, e retornaram pasmos.

Ter o verdadeiro Nigel Benjamin na nossa banda foi uma espécie de sonho. Agradeci a Deus por não ter entrado no Quiet Riot.

Fizemos um show de aquecimento na arena, que era um lugar pequeno. Não convidamos ninguém – só queríamos ver por nós mesmos. Achamos o som uma merda. Quando se está começando, é difícil chegar à altura do que se ouve nos ensaios, onde se toca em condições muito mais controladas e não é preciso lidar com um espaço estranho, um palco estranho, monitores estranhos e um PA de outra pessoa. Todos achamos que Nigel ficaria decepcionado, mas ele parecia uma criança numa loja de doces. Adorou. Ele disse: "Foi incrível, é exatamente isso o que precisamos fazer".

Nigel

Nigel era um cara engraçado. Tinha 26 ou 27 anos, morava em Venice com a namorada alemã e acho que eles tinham um filho pequeno. Fizera parte de uma banda muito grande e viajara o mundo. Hoje, consigo ver que ele estava num momento diferente da vida. Às vezes, chegava eufórico aos ensaios. Em outras, era o oposto – murcho feito uma bexiga. Suponho que, como muita gente criativa, Nigel era um pouco maníaco-depressivo. Mas nós ficávamos empolgados só de conviver com ele.

Com Henry Valentine, nossos rivais eram o Quiet Riot. Com Nigel no time, começamos a mirar muito mais alto. Reservamos horas num estúdio e gravamos uma demo. Quando Angie e eu íamos jantar na casa dos pais dela, eu só conseguia falar na demo. Quando jantávamos com Don e Sharon, eu só conseguia falar do meu novo nome e da minha banda. Nos ensaios, contei aos caras sobre Don: "Meu tio vai contratar a gente e a gente vai ser tão grande quanto o Sweet".

Até Nigel pareceu impressionado.

Antes de ir embora, dei uma cópia da nossa demo a Don.

"Tio", falei. "Você precisa ver algum show nosso."

Starwood

Capítulo 19

Bill Gazzarri, que era o dono do Gazzarri's, até podia se vestir como um mafioso das antigas, mas Eddie Nash era legítimo: um gângster de verdade. Era um homem paranoico, cruel, violento e perpetuamente cheirado.

Nash era dono do Kit Kat, uma casa de striptease no Santa Monica Boulevard, do Soul'd Out, um clube de black music no Sunset, e do Odyssey, clube para todas as idades no Beverly. Era dono do Paradise Ballroom, um clube gay na North Highland Avenue, e do Seven Seas, um tiki bar e discoteca no Hollywood Boulevard. O Ali Baba's, clube de Nash que ficava na Sherman Way com o Lankershim Boulevard, tinha uma temática do Oriente Médio e bailarinas de dança do ventre que trabalhavam por gorjetas e, provavelmente, tiravam um pouco mais na surdina – sobretudo quando grupos de sauditas passavam por lá.

Eddie Nash também era dono do Starwood, e o Starwood era agora nossa segunda casa. Porém, nunca tratamos diretamente com ele. Assinamos um contrato de gerenciamento com David Forrest, que agendava bandas no Starwood, mas tinha seu próprio e interessante currículo. Ele já havia trabalhado com Bill Graham e David Geffen. Foi empresário de Lindsey Buckingham e Stevie Nicks antes de Mick Fleetwood levá-los para o Fleetwood Mac. Foi empresário do Quiet Riot. Promoveu shows para o Kiss, o Aerosmith e outras bandas grandes. Não tínhamos conhecimento de que ele estava decadente no ramo – para nós, ele ainda era importante. Depois de termos tocado umas duas vezes como atração principal e em ambas termos lotado a casa, ele sacou um contrato e nos deu.

Era o contrato antigo do Quiet Riot. Na verdade, David só riscou o nome *Quiet Riot* e escreveu *London* à mão. Foi uma jogada bem escrota, mas assinamos a papelada e David nos colocou para trabalhar – literalmente. Ao final daquela semana, estávamos faxinando o clube, cumprindo tarefas diversas e fazendo obras.

Não sabíamos o que estávamos fazendo, em especial no que se tratava das obras. Lizzie nunca tinha segurado um martelo. As paredes do Starwood eram forradas de painéis de madeira, e Gary Fontenot, o gerente, nos disse para trocar os do banheiro, que tinham apodrecido. Furamos o encanamento ao bater os pregos e foi água para todo lado. Saímos como se nada tivesse acontecido. Depois disso, ficamos mais com o trabalho de servente mesmo.

A agenda do Starwood era totalmente esquizofrênica. O Fear tocava numa noite, depois os Plimsouls, depois os Germs, depois o Gang of Four, depois o Black Flag, depois as Go-Go's. Em termos de faxina, os punks eram os piores. Nas noites punk, recebíamos 400 jovens, todos bêbados e fazendo roda. Era sangue, suor e vômito por todo o lugar; o chão ficava grudento por causa do álcool derramado; e as paredes de madeira eram porosas, absorviam todos os cheiros. Era muito nojento, e David passava a metade do tempo no meu pé ou no de Lizzie (ele não ousava encher o saco de Dane). Dizíamos para ele ir se foder na cara dura, mas ele ria e, quando víamos, ele já estava no nosso pé de novo. Dane ficava nos provocando: "Que tal vocês aguentarem isso pela equipe?".

Essa atenção indesejada valia a pena, porque David conseguia mais shows para nós, e, quanto mais shows, mais nos tornávamos uma carta na manga. Normalmente, quando uma banda tocava no Starwood, ficava algumas semanas sem conseguir shows no Whisky ou no Trou-badour. Os clubes tinham ciúmes das bandas uns dos outros. Porém, se você tivesse estofo o suficiente, poderia tocar em todos e pedir cachês maiores. Fiquei bom nisso e em colocar os agentes uns contra os ou-tros. Ia até o cara do Whisky e dizia: "Olha só, o Troubadour vai nos pagar 500 mangos por duas noites e o espaço deles nem dá conta do nosso público. Que tal vocês nos pagarem 700 por três noites?".

Eu não sabia se seríamos capazes de esgotar os ingressos de três noi-tes, mas logo descobrimos que sim. Facilmente. Agora atraíamos públicos grandes. E, ao mesmo tempo, éramos serventes. Lotávamos o lugar à noite e fazíamos a limpeza da sujeira do nosso próprio público de manhã.

———

Embora Lizzie não soubesse montar uma cadeira ou uma mesa, sabia mexer em fios. Seu pai era eletricista, e, quando Dane e eu juntamos umas caixas e colocamos alumínio nas laterais, Lizzie achou um jeito de fazermos umas lâmpadas de 100 watts ficarem piscando.

As caixas eram imensas e ninguém mais as tinha na cidade. Ain-da consigo ver Lizzie mexendo nelas, com o cabelo esvoaçando ao lado da furadeira.

Havia um cara bem velho, o Louie, que trabalhava no Starwood. Parecia um pequeno gremlin de cem anos de idade e estava sempre bravo com todo mundo. Louie se afeiçoou por nós e, de coração, queria o nosso bem, do jeito rabugento dele. Passou por Lizzie no momento em que ele trabalhava na caixa e começou a berrar: "Ei, seu idiota! Você vai enrolar o cabelo nessa furadeira!".

Lizzie olhou para cima e disse: "Ah, vai se foder, Louie!".

Assim que as palavras saíram de sua boca, a furadeira pegou o ca-belo de Lizzie e bateu com tudo em sua cabeça. Louie teve de passar os 20 minutos seguintes desemaranhando a ferramenta.

FRI & SAT, JUNE 20-21

NIGEL BENJAMIN LIZZY GREY DANE RAGE

LONDON

NIKKI SIXX JOHN St. JOHN

STARWOOD
INFO 656-2200

Starwood

Essas caixas de iluminação eram mais uma coisa para arrastarmos por aí. Lizzie tinha dois *stacks* da Marshall. A bateria de Dane era enorme, assim como os meus amplis. O Hammond B3 de John St. John pesava mais de 180 quilos e ele ainda tinha a caixa Leslie; além disso tudo, tínhamos um PA e um suporte para o teclado. Não tínhamos roadies nem van. Improvisávamos tudo. Porém, estávamos cada vez melhores. Trabalhávamos nos nossos movimentos de palco, nossa maquiagem, nosso figurino. Comecei a usar um traje metade preto, metade listrado em preto e branco (mais tarde, no Mötley Crüe, passei a usar só as listras). Naquele tempo, uma boa banda cover ganhava até 2 mil dólares por noite. Havia caras em Los Angeles que tiravam entre 4 mil e 8 mil dólares por semana só tocando covers. Nós fazíamos alguns também; abríamos os shows com "Mama Weer All Crazee Now", do Slade. (O Quiet Riot também gravou essa música no álbum *Metal Health*, que foi um grande sucesso.) Porém, não tocávamos a parada Top 40 e tínhamos cada vez mais músicas próprias: uma canção chamada "1980s Girl" em 1979 – era o tanto que nos achávamos espertos. Outra chamada "Radio Stars". Lizzie e eu compusemos "Public Enemy #1", que está no primeiro álbum do Mötley. Na época, não era tão lucrativo quanto tocar só covers, mas era a coisa inteligente a se fazer a longo prazo. Quando nos tornamos *headliners* de fim de semana no Starwood, já ganhávamos entre mil e 2 mil dólares por noite. Mesmo dividindo em cinco, o dinheiro entrava.

Continuávamos a investir na banda – e ainda filávamos refeições de mulheres.

O Starwood tinha uma sala de rock, onde todas as bandas de rock e punk tocavam. O andar acima dessa sala era uma área VIP com um bar e vista para o palco. O de baixo era uma outra sala, cheia de fliperamas antigos: Defender, Space Invaders, Asteroids. Era onde Randy Rhoads e eu nos encontrávamos antes de ele partir para a Inglaterra. Essa sala levava a uma grande pista de dança: a sala de discoteca do Starwood.

As mulheres que frequentavam essa pista tendiam a ser mais bonitas do que aquelas na sala de rock. Sendo assim, era o lado do Starwood que Lizzie, Dane e eu preferíamos. Eu me apoiava na parede e as mulheres *nos* abordavam, agora que o London se tornara conhecido.

O estacionamento do Rainbow também era um bom ponto depois das duas da madrugada. O Roxy ficava logo ao lado – os clubes fechavam no mesmo horário, e aquele oceano de jovens transbordava. O estacionamento virava uma central de festas e de pegação. Era onde você ficava sabendo dos shows *underground* ou encontrava garotas com quem ir para casa. Certa noite, uma delas veio direto até nós e disse:

"Ei, querem ir a uma festa? O London vai estar lá!"

"Sério?"

"É o que estão falando por aí."

"Tem certeza?"

Fomos. Ela nos usou para nos convencer e, como conseguiu, estava certa: nós estávamos na festa.

———

As Orchids eram a banda de garotas que Kim Fowley formou depois que as Runaways, sua banda anterior, se separaram. A última baixista a passar pelas Runaways, Laurie McAllister, foi tocar nas Orchids. Porém, eu estava de olho em Laurie Bell, que tocava bateria e cantava.

Conheci Laurie no *backstage* depois de um show delas. Estava com Lizzie e fui até ela, que me perguntou: "O que você faz?".

Eu usava meu traje de costume: calça apertada, jaqueta de couro preta, camiseta rasgada e cortada e salto alto.

"Sou dentista", respondi, e partimos daí.

Laurie tinha se mudado para Los Angeles porque Fowley "descobrira" Tom Johnson, o cara que estava saindo com a irmã dela. Esse era o lance de Fowley. Ele era um empresário; montava bandas e guiava suas carreiras. Quanto mais jovens, melhor, porque assim ele estaria no controle. Fowley transformou Tom Johnson em Tommy Rock, e Tommy Rock lançou uns compactos. Tom Johnson ligou para Laurie e disse: "Venha para Los Angeles. Falei pro Fowley que você sabe cantar e tocar bateria."

Laurie cantou em uma porção de demos de Fowley – canções que ele mandava para outros artistas gravarem.

Fowley me pediu para compor algo para o Blondie. Quando eu ainda morava com Angie, tinha composto um riff e alguns versos: "Stick to your guns / What's right for you ain't right for everyone". Naquela época, não fui muito além disso. No entanto, aproveitei o que tinha, elaborei o resto e fui até o apartamento esquisito de Kim, em Hollywood. Era precário – uma verdadeira pocilga, com lixo e frascos de remédio em todas as superfícies visíveis. Pensei: É isso? O rei da Strip vive nesse *chiqueiro?*

Foi como conhecer o Mágico de Oz. As coisas não eram bem o que aparentavam para nós, inocentes. Mas isso era Hollywood.

Fowley gostou da música. Ele me deu 100 dólares e um contrato que concedia a ele 50% dos direitos de publicação. Quando o vi de novo, ele me disse que o Blondie havia dispensado a música. Até hoje não sei se Debbie Harry chegou a ouvi-la. Guardei-a, e ela foi a primeira música que o Mötley Crüe gravou para o compacto de sete polegadas "Stick to Your Guns"/"Toast of the Town" – e Fowley teve um retorno robusto de seu investimento.

Fowley também tinha o nome creditado em "Cherry Bomb", além de 50% do dinheiro de Joan Jett em outra música da qual ele nem chegara perto. E ele ainda morava naquele apartamento de merda. Pensei nele anos depois, na turnê de *Girls, Girls, Girls* do Mötley Crüe. Colocamos o Guns N' Roses como banda de abertura e Axl me disse: "Sabia que a gente considerou 'Stick to Your Guns' para o *Appetite for Destruction*?".

Se eles tivessem usado a música, Fowley teria ganhado 50% de novo.

De um jeito ou de outro, eu tinha cautela com ele, que percorria a Sunset Strip de cima a baixo fazendo malabarismo com uma maçã e uma laranja, com um olhar de maluco. Porém, ser maluco não fazia de Fowley menos babaca. Eu não gostava do cara, mas gostava de Laurie. Passei muito tempo na casa onde as Orchids moravam juntas, em Encino. Laurie servia de executiva na banda dela, e eu na minha. Planejávamos. Bolávamos estratégias. Às vezes, fazíamos shows juntos. Saíamos pelo Hollywood Boulevard com um grampeador industrial – eu colocava Laurie nos ombros – e íamos colocando pôsteres de poste em poste.

Entretanto, eu não ia parar quieto por garota nenhuma. Tinha 20 anos e, até onde eu sabia, acabara de formar os próximos Rolling Stones.

Starwood

Quando fiz 21 anos, finalmente convenci o tio Don a ir nos ver num clube. Já tocávamos como atração principal, com dois sets por noite às sextas e sábados ou sábados e domingos. Ainda tínhamos Nigel e John St. John. Foi a melhor versão do London que existiu. Slash e Steven Adler andavam de skate na frente do Starwood naquela época. Entravam escondidos pela porta dos fundos para nos ver tocar. Na turnê de *Girls, Girls, Girls*, eles me disseram: "A gente via vocês no palco, via Nigel, e pensava 'Isso é que é uma banda de rock. Aquele ali é um *rock star*. É isso o que a gente vai ser'".

Dentro da banda havia tensões. Eu defendia que tocássemos mais rápido e mais pesado. Já tinha escrito a maioria das músicas que entraram no primeiro álbum do Mötley Crüe. Nigel, porém, insistia em trazer canções mais melosas.

Eu acreditava firmemente que um disco de rock não deveria ter mais do que uma balada. Seguindo essa mesma lógica, não queria mais de uma balada por *set*. No entanto, baladas eram o ganha-pão de Nigel. Em dado momento, David Forrest e Gary Fontenot nos sugeriram um contrato: gravaríamos no Japão e depois faríamos uma turnê pela Europa. Quando retornássemos aos Estados Unidos, o disco estaria em distribuição. Esse acordo nunca foi fechado – era apenas uma ideia –, mas, para nós, parecia que nossa fantasia tinha se tornado realidade.

Nigel não quis saber. Não quis assinar o contrato. Nem olhou o documento porque, segundo ele, iam querer nos promover como uma banda de hard rock.

Protestei.

"Mas, Nigel, é o que somos! Somos power pop com glitter rock e hard rock!"

Lembro-me da resposta dele palavra por palavra:

"Se nós somos uma maçã, não queremos ser vendidos como uma ameixa."

Deveríamos ter tentado resolver a situação. Nigel era teimoso, mas nós também éramos. O problema, porém, era que Nigel também podia ser preguiçoso. Não escrevia letras. Metade do tempo, ele nem se dava ao trabalho de se dirigir ao público de um jeito que fizesse sentido.

"Nigel", eu dizia. "Você precisa animar o público. Precisa atraí-lo para nosso time."

"Bobagem. O que eu falo não importa porra nenhuma. Eu poderia dizer 'câncer de intestino' e as pessoas aplaudiriam pra caralho."

Na verdade, com aquele sotaque, Nigel tinha razão e sabia que tinha. Provou isso para nós naquele fim de semana. "A palavra da noite é 'câncer de intestino'", ele disse do palco, e o público explodiu em aplausos. Já vi a mesma coisa acontecer com outras bandas inglesas: elas entram no palco, dizem "cenoura com ervilha!" e o público vai à loucura. O sotaque vale muito.

No entanto, na noite em que o tio Don foi nos ver, as rachaduras no assoalho não apareceram. Nessa noite, tocamos como os irmãos que havíamos nos tornado.

Esperei até o último minuto para contar aos caras. O Natal estava chegando, e nós dirigíamos pela Hollywood Freeway. Nessa época do ano, sempre colocavam uma árvore de Natal enorme no topo do prédio da Capitol Records. Apontei para a árvore e disse:

"Feliz Natal! Aquela é a nossa nova gravadora."

"Como assim?"

"Meu tio finalmente vai nos ver tocar."

Quando falei de Don para eles pela primeira vez, havia uma sensação vaga de que, em algum momento, eu poderia conseguir um teste para nós. Desde então, já havia se passado tanto tempo que os caras imaginavam que, se fosse para acontecer, já teria acontecido.

Porém, o tio Don foi ao show. Usava um terno elegante feito sob medida. O agente de artistas e repertório que foi com ele também estava de terno. Ninguém mais no Starwood usava terno. Todo mundo no Starwood só berrava, porque o London nunca havia tocado melhor. Saímos do palco cobertos de suor. Estávamos nas nuvens. A descarga de adrenalina foi fantástica, e, quando Don foi ao *backstage*, sorríamos de orelha a orelha, radiantes – todos nós, inclusive Nigel.

Meu tio foi muito cordial. Foi elogioso, me puxou de lado e disse: "É incrível o que vocês conseguiram em dois anos."

"Você ouviu o público? Ouviu os gritos?"

Tio Don assentiu. Sorriu. E disse para conversarmos no dia seguinte.

Fiquei muito feliz. Bem depois da meia-noite, liguei para Nona e Tom e os acordei. Contei sobre o tio Don.

"Vou fazer sucesso!", eu disse.

Mal podia esperar a manhã chegar. Fiquei deitado acordado, pensando. Planejando. Assim que acordei, peguei o telefone.

"Frankie", disse o tio Don. "Acho que você tem um futuro brilhante. Acho que você tem presença de palco. Mas, você sabe, não é para nós. Não posso fazer isso."

Era direito dele, que poderia muito bem ter me dito: "Frankie, não é um negócio de família. É *show business*".

Não fiquei ressentido. Eu amava e respeitava meu tio. O que fiquei foi confuso e deprimido. Era a última coisa que eu esperava, um soco no estômago. Não sabia como contar aos caras. Só de pensar nisso minha barriga doía.

Caminhei pela Strip inteira, fui e voltei, tentando imaginar a melhor forma de falar.

Basicamente, nada havia mudado. Havíamos batalhado por muito tempo e com muita força, conquistado nosso posto no topo da cena. Tínhamos o vocalista certo. Tínhamos as canções certas. Teríamos de esperar um pouco mais, mas não havia dúvidas de que faríamos sucesso.

Às seis horas da tarde, eu já havia me convencido de que estava tudo bem. Colei no ensaio e pedi aos caras que se sentassem.

"OK. Tenho uma notícia boa e uma ruim."

"Vamos à boa!", disse Lizzie.

"Comece com a ruim", disse Nigel.

"A notícia ruim é que a Capitol não vai fechar com a gente."

"OK", disse Nigel. "Nesse caso, estou saindo da banda."

Um novo monstro

Capítulo 20

Por um tempo, ficamos perdidos, lambendo as feridas. Naquela idade, tudo parecia muito imediato. Para nós, perder o Nigel parecia o fim do mundo. Porém, algo me dizia que eu não tinha tempo para me lamentar. Vinte e um anos, na época, não parecia pouca idade; parecia muita. Eu conseguia ouvir o tique-taque do relógio.

A saída de Nigel foi um grande revés, mas não estávamos de volta à estaca zero. Tínhamos nosso público, tínhamos as canções. O último show havia sido o melhor até ali. Depois dele, só se falava em nós. Não seria difícil encontrar um novo vocalista para a maior banda da Strip, certo?

"Foda-se o Nigel Benjamin", falei para os caras. "Vamos conseguir o Brian Connolly!"

Brian Connolly era a voz de "Ballroom Blitz" e "Solid Gold Brass". Ele havia saído do Sweet e gravado um compacto, mas não tinha um álbum solo.

Liguei para o tio Don e perguntei:

"Você poderia me ajudar a entrar em contato com o Brian Connolly, do Sweet?".

"Claro. Vou te dar um endereço."

Montei um pacote com uma demo de quatro músicas que gravamos com Nigel, fotos de nós no palco e transcrições das letras, do jeito mais profissional que consegui. Passei muito tempo escrevendo a carta de apresentação.

"Obrigado por ouvir nossas músicas", dizia. "Somos de Los Angeles. Nigel Benjamin era nosso vocalista. Ele não quis continuar, mas você é o nosso vocalista dos sonhos. Nossa banda se chama London e você influenciou muito nosso som. O que podemos fazer para convencê-lo a se juntar a nós?"

Só consigo imaginar como deve ter sido para Brian receber uma carta dessas. "OK, isso é adorável, mas estamos em momentos diferentes, na verdade."

Porém, eu já tinha sido arrasado pelo tio Don e pela saída de Nigel. Depois de enviar o pacote, fiquei desesperado para receber o sinal verde para dar um telefonema e prosseguir o papo.

Eu não era ingênuo o bastante a ponto de achar que Brian Connolly ia largar tudo, se mudar para Los Angeles e entrar para a minha banda, mas achei que ele iria pelo menos me dar bons conselhos. Um incentivo seria útil, e eu era convencido o bastante para pensar *Quem sabe? Tudo é possível*.

Um ano antes, a ideia de Nigel Benjamin fazer parte do London parecia igualmente ridícula.

Enfim recebi o telefonema de Don. Numa sexta-feira. Tive sorte de ele ter me achado em casa. Por causa do fuso horário, Don disse que eu deveria ligar para Connolly no sábado, às oito da manhã.

Liguei precisamente nesse horário e ouvi dois toques curtos em sequência. Era o som das linhas fixas do Reino Unido. Eu só tinha ouvido esse som nos filmes. Ouvi também meu coração bater até Connolly atender.

"Alô."

"Oi. É o Nikki Sixx. O sobrinho do Don Zimmerman."

"Ah. Certo, ótimo. Olha só. Obrigado. Parece ótimo. Mas vou ter de passar."

Um novo monstro

"Você ouviu a nossa demo?", disparei. "Todas as músicas são hits. Você viu as fotos? A banda? É disso que você precisa agora. Do visual certo. Do som certo."

"Sinto muito", disse Connolly. "Gosto do seu tio. Tenho certeza de que você é um garoto muito legal…"

Mordi o lábio.

"…mas o rock'n'roll acabou. Já está morto e não vai voltar. Estou gravando um álbum country."

Uma fã nossa, Carole McSweeney, trabalhava como assistente jurídica na Mitchell Silberberg & Knupp, um dos grandes escritórios de advocacia da área de entretenimento de Los Angeles. Carole tinha nos visto tocar várias vezes no Starwood, e eu e ela criamos uma amizade platônica. Íamos ao Hamburger Hamlet, no Sunset Boulevard, e bolávamos estratégias. Carole me falava de seus sonhos. Fazia faculdade de direito; queria ser escritora.

E eu falava dos meus sonhos para ela.

Não era só coisa do tio Don. O rock'n'roll estava mesmo passando por dificuldades. Para assinar um contrato em 1980, era preciso ter cabelo curto e usar gravata fininha. Era preciso ser o The Knack, não o Deep Purple. Um *mod* e não um roqueiro. Eu, porém, era do rock até o osso. A única coisa em que eu conseguia pensar naquela época era: "O que posso fazer para tornar minha banda *mais* ultrajante?". Amarrávamos ossos no cabelo. Exagerávamos na maquiagem. Não éramos os Plimsouls. Não éramos punk rock. Adorávamos os Ramones e os Pistols, mas também o Cheap Trick e o Aerosmith. O punk tinha tudo a ver com subtração: quanto se pode tirar para se chegar à essência? Os Ramones tinham feito isso. Descartaram solos e aceleraram tudo. Eu admirava a intensidade e a atitude deles. No entanto, quando se tratava de minhas próprias músicas, eu não queria menos – queria mais. Queria *mais* solos. Queria vocais que fossem mais do que latidos. Queria fazer parte de uma banda capaz de decolar, mergulhar e decolar de novo – tudo isso numa mesma canção.

Eu não era minimalista. Tinha uma atração pelo excesso. Vivia a vida de forma extrema e excessiva. As drogas não eram um problema. Não sabíamos da aids. A vida girava em torno de música, brigar, beber e trepar. No London, esses eram meus pontos cardinais. Não havia adultos por perto, não havia regras. Eu era desesperado, mas não reprimido. Não era um tipo nova-iorquino neurótico. Por que é que eu ia querer soar como o The Knack?

Era disso que eu conversava com Carole, que acreditava em mim. Ela adorava a minha banda. Eu não tinha de impressioná-la. Pensava nela como uma irmã, não tentava levá-la para a cama. Com ela, era mais fácil me abrir.

Contei a Carole coisas das quais nunca falaria com Lizzie ou Dane. Não tinha uma rede de apoio. Não tinha dinheiro. Tinha abandonado a escola no décimo ano, não tinha pai nem mãe e o único lar para onde eu poderia voltar estava em Idaho. Falava disso também. A frustração inacreditável de ser capaz de fazer um salão cheio de jovens ir à loucura – *set* após *set*, noite após noite – e mesmo assim não conseguir um contrato.

Era como viver dentro de uma bolha. Por isso eu me metia em tantas brigas. Nas noites de punk rock no Starwood, eu provocava os punks. Não me importava em apanhar, contanto que conseguisse meter uns socos também. Chegava em casa machucado e sangrando, mas precisava desse combustível. Precisava do calor. Alguma coisa não estava dando liga, e eu tinha uma necessidade dessa liga.

Precisava furar a bolha.

Conseguimos um novo vocalista, Michael White, mas sabíamos que ele não era uma boa escolha. Já havíamos passado por isso com Henry Valentine. Michael tinha o visual e a voz muito parecidos com os de Robert Plant – tanto que ele cantava numa banda cover de Led Zeppelin. Não havia química. Porém, Michael tinha a melhor voz entre todas que testamos, e o London precisava tocar. Havíamos enfim chegado ao topo da montanha da Sunset Strip – estávamos exatamente onde o Quiet Riot estivera quando o London começara – e precisávamos manter nossa posição, nossa base de fãs, nosso nome.

Sentíamos que havíamos criado um monstro e o monstro nos dizia: "Alimentem-me".

Depois de uma série de ensaios, eu me senti melhor. Tinha de admitir que não soávamos mal. Não era como ter Nigel na banda, mas a saída dele deixava mais espaço para que eu defendesse o que sempre defendi: um som mais agressivo, mais rápido, mais pesado, *mais*.

Nunca cheguei ao ponto de me entusiasmar com essa nova encarnação do London. Para mim, parecia que ainda estávamos flutuando na superfície. Porém, também tinha de admitir que isso era melhor do que se afogar.

Fazia algumas semanas desde a última vez que havíamos visto David Forrest. Gary, por sua vez, volta e meia estava totalmente chapado. Entre nossos empresários, as coisas andavam enevoadas por drogas. Sempre tinham sido, mas agora estavam saindo dos eixos. De canto de olho, víamos coisas suspeitas: armas de fogo e espadas de samurai, tijolos de cocaína e heroína, frascos gigantes de calmantes, bongs. Não queríamos saber, mas ouvíamos histórias. Eu gostava de falar de violência, escuridão e morte nas minhas canções, mas isso era diferente. Era o lugar onde trabalhávamos, tocávamos e vivíamos. Nash tinha um bando de capangas que trabalhavam para ele, guarda-costas do tamanho de lutadores profissionais. Apareciam no clube com uma frequência cada vez maior e, embora fôssemos funcionários, eles não se esforçavam muito para ser simpáticos. Se estivéssemos no caminho deles, não pediam licença: nos afastavam com os ombros, como se fôssemos cortinas de miçangas.

Quando começamos, levávamos cuba-libres até o escritório de David. Todd Rundgren estaria por lá. John Holmes, o astro pornô, também. Ficávamos por perto, deslumbrados, e ouvíamos algumas histórias sobre os dias de glória. Mas já fazia um ano que não víamos Rundgren por ali, e sempre que víamos John Holmes ele parecia mais acabado – mais emaciado, olhos vidrados, quase um selvagem. O técnico de som da casa, Dom Fragomel, também tinha começado a ficar com essa aparência. Tivemos a mesma impressão de Gary, quando Lizzie e eu fomos nos encontrar com ele para perguntar de David e da possibilidade de marcar alguns shows. Algumas coisas que saíram da boca dele não faziam sentido. Ele estava tão chapado que falava em círculos. Porém, deveria haver alguém marcando os shows no clube.

Um novo monstro

Conseguimos fazer com que ele anotasse um telefone. Liguei e David atendeu.

"Nikki!", disse ele, a um quilômetro por minuto. "Isso é ótimo! Sensacional! É claro que vocês podem tocar! Querem uma sexta ou um sábado?"

Respondi. Tocamos. Soamos como o London capitaneado por uma imitação barata de Robert Plant. Mas não foi de todo terrível. Tivemos uma resposta do público, que pediu bis. O problema foi mesmo no final da noite, quando fomos até o escritório para receber o pagamento.

A porta estava trancada. Não havia ninguém lá.

Na segunda-feira, também não tinha ninguém. Quando liguei para David, ele não atendeu.

Tínhamos enchido a casa, que nos devia 2 mil dólares. Michael esbravejou conosco, ameaçou sair da banda, e estava em seu direito. Não sabíamos o que dizer a ele. Tentamos de todo jeito, mas não conseguíamos ser pagos. Tínhamos shows no fim de semana seguinte. Como íamos tocar – e convencer Michael a cantar – se nem havíamos sido pagos pelo último?

Nós não conhecíamos Eddie Nash. Já o tínhamos visto nos clubes: um cara de pele oliva, palestino, cheirado. Mas nunca havíamos falado com ele. Agora, decidimos, teríamos de falar.

David Forrest tinha me dado um Vega prata – um carro terrível, com um motor que parecia de um cortador de grama e que sempre precisava de conserto porque esse motor superaquecia, trincava ou pegava fogo. Nele, fomos até o Ali Baba's, mas o gerente nos disse que fazia semanas que não via Eddie. De lá, fomos para o Kit Kat Club, e o gerente nos disse a mesma coisa. Tentamos o Soul'd Out e o Paradise. Percorremos Hollywood inteira até acabar no tiki bar de Nash, o Seven Seas.

Dissemos à hostess quem éramos e para quem trabalhávamos. Ela nos disse que estávamos com sorte: também não vira Nash por semanas, mas naquele momento ele estava ali, nos fundos do bar.

Atravessamos a cozinha. Os cozinheiros fatiavam nacos grandes de carne com cutelos. Ao pé de uma escada, vimos uns dos capangas grandalhões de Nash. O cara usava terno e a protuberância de sua arma era visível – de propósito.

Nós usávamos calças de couro – Lizzie estava de top – e salto alto, mas o guarda-costas era da nossa altura.

Dane foi quem falou primeiro: "Viemos ver o Eddie Nash".

"Pra quê?"

"Ele nos deve dinheiro."

O capanga franziu a testa. Depois, começou a rir entre os dentes. "OK", falou. "Venham comigo."

Nós quatro subimos as escadas até um escritório pequeno, mal iluminado, encardido. Poderia muito bem ser o escritório de algum contador suspeito, exceto pelo outro guarda-costas que ali estava.

Eddie também estava ali, de olhos vidrados, numa cadeira de couro atrás da mesa. Com seis pessoas, aquele escritório minúsculo ficou abarrotado.

"E aí, o que está rolando?", perguntou Nash.

Dessa vez, foi Lizzie quem falou: "Fizemos um show no Starwood e nunca fomos pagos."

"E?"

"Então viemos aqui para receber", falei.

Eddie nos olhou de cima a baixo. Olhou para os capangas. E então começou a rir, riso que foi seguido pelo dos dois guarda-costas.

"Não acho que devo algo a vocês", disse ele. "O que vocês acham?"

Nós três nos entreolhamos. Pensamos nas histórias que ouvimos. Histórias sobre ossos quebrados. Sobre aquele tipo de surra da qual você não volta.

A semana inteira tinha se transformado num chute no saco.

"É", dissemos. "É, está tudo certo. Tranquilo."

Não estava nada tranquilo. A primeira coisa que Michael perguntou no ensaio daquela noite foi: "Onde está meu dinheiro?".

Eu não soube o que dizer a ele. "Só me dê duas horas."

Entrei no Vega e saí dirigindo.

Não podia ligar para o tio Don. Ele havia recusado minha banda, e eu era orgulhoso.

Não podia ligar para Nona e Tom. Fazia meses que eu contava para eles, com sinceridade, como minha banda era bem-sucedida.

Não podia ligar para a minha mãe, porque não sabia onde ela estava.

E então tive uma ideia: "Foda-se. Meu velho nunca levantou um dedo para me ajudar. São 400 dólares. O mínimo que ele pode fazer agora é arrumar algum dinheiro".

Ainda consigo meio que entender essa minha linha de raciocínio. Eu passara anos furioso com o meu pai, mas deixaria tudo isso de lado pelo que de fato era um preço muito pequeno. Águas passadas seriam águas passadas, e eu aceitaria isso no ato.

No meu entendimento, era até pouco para o meu pai.

Eu não estava pensando "Estou meio perdido e me sinto tão sozinho". Mas, num nível mais profundo, devia estar me sentindo assim. Era o mais próximo que eu chegaria, na época, de admitir que precisava do meu pai, do amor dele, da conexão com ele.

Parei o carro ao lado de um orelhão. Disquei 411 e dei à telefonista o nome que herdei do meu pai: "Frank Feranna".

Disquei o número que me foi passado. Uma mulher atendeu.

"Alô?"

"Oi", falei. "É o Frank."

"O quê? Quem é?"

"Frank Feranna."

Prendi a respiração por toda a longa pausa que se seguiu.

"Frank Feranna está morto. Faz dois anos que ele morreu."

Fiquei atordoado. Quis me sentar na calçada. Quis chutar coisas. Quis vomitar. Comecei a chorar.

"É o filho dele, Frankie", disse.

"Não sei por que ligou para cá. Não volte a ligar."

Entrei de novo no Vega e saí dirigindo. Não sei se estava chovendo. Não me lembro de estacionar na frente do Spotlight. Só me lembro de subir e me encontrar com os caras, que estavam à minha espera no corredor com Michael.

"Você precisa me dar mais alguns dias."

"Não", retrucou Michael. "Não preciso. Não preciso fazer nada. Vai se foder. Estou fora."

Eu tinha a sensação de estar escorregando montanha abaixo, mas minhas garras estavam cravadas profundamente no solo. Não queria chegar ao chão. Não podia chegar ao chão, porque a única coisa que me esperava lá embaixo era um ônibus Greyhound e uma passagem de volta para Idaho.

"Nikki", disse Lizzie, "vai ficar tudo bem. Vamos arrumar um novo vocalista."

Estávamos dentro do Vega, de bobeira na frente do Starwood.

"Não está dando certo, Lizzie. Não posso contar com isso. A única coisa com que posso contar sou eu mesmo."

Um novo monstro

Lizzie começou a chorar. "Bem, você não pode fazer parte de uma banda sozinho."

Eu teria chorado também, mas não havia mais lágrimas. Eu sempre vira Lizzie como um irmão, mas agora eu não sentia nada e bati o pé. "Eu sei disso. Mas preciso fazer as coisas do meu jeito."

No dia seguinte, liguei para Carole. Quando nos encontramos no Hamburger Hamlet, contei a ela do meu pai e da banda.

"Frank Feranna está morto. Quero oficializar isso", falei.

Carole me entendeu.

"Vai ficar tudo bem", disse ela. "Vou te ajudar."

Eu não sabia se chorava ou ria.

"Gostaria que todo mundo parasse de me dizer que vai ficar tudo bem."

Fiel a sua palavra, Carole me ajudou. Alguns dias depois, fomos até o fórum.

"Vá vestido da forma mais conservadora que puder", ela havia me dito.

Interpretei o conselho como "Vá de botas de motociclista e não de salto alto". Não teria como eu me vestir de forma conservadora nem se quisesse, pois eu não tinha nenhuma roupa conservadora. Além disso, eu vinha numa toada de beber uma garrafa de vodca por noite. Carole foi me buscar onde passei a noite. Às 7h15, ela teve de esmurrar a porta para me acordar. Minha maquiagem estava toda borrada. Vesti uma camiseta sem mangas e cortada na barriga e uma calça preta apertada. Minha cabeça estava explodindo. Porém, chegamos a tempo no fórum. Sentados, esperamos pelo que pareceu um longo tempo até chamarem meu nome.

"Franklin Feranna!"

Carole deu um cutucão para me acordar.

Levantei num pulo e o juiz me olhou com desdém. Era um cara velho, careta e rabugento.

"Sente-se", disse ele. "Você quer mudar seu nome?"

"Sou artista", falei. "Quero usar meu nome artístico."

"Então use. Quem está te impedindo? E que tipo de nome é Nikki Sixx?"

"É o meu nome. É o nome que eu quero usar pelo resto da vida."

"E seus pais aprovam isso?"

"Tenho 21 anos. Não preciso de pais."

"Já pensou em como eles vão se sentir? Já pensou nos seus avós?"

O juiz não largava o osso.

"Sua mãe aprova? Seu pai aprova?"

"Meu pai está morto", falei.

A cada pergunta, eu escorregava mais fundo no banco. Àquela altura, já estava praticamente sentado no chão, olhando para os arranhões das minhas botas.

O juiz olhou para baixo também. Mexeu em alguns papéis.

"OK", disse. "Como quiser."

Carole foi até a escrevente. Haveria uma pausa para o almoço, então ela perguntou: "Você consegue enviar o pedido pelo correio?".

"Consigo", respondeu a escrevente, "mas vai demorar muito para chegar. Você gostaria de escrever à mão?"

"Claro", disse Carole, e escreveu. Nikki Sixx foi o cara que saiu daquele fórum, piscando diante da luz fria e quente do dia.

O sol estava a pino, minha cabeça, explodindo, e minha boca, seca.

"Então, Nikki", disse Carole, "o que você vai fazer agora?"

"Vou criar um novo monstro", eu disse.

Um novo monstro

```
 1  FRANKLIN CARLTON FERANNA
    2012 Lemoyne Street ·
 2  Los Angeles, California    90026
    (213) 662-9047
 3  IN PROPRIA PERSONA

 4                                              ORIGINAL FILED,

 5                                                OCT - 3 1980

 6                                              CE:        ICT
                                                COUNTY CLERK
 7

 8            SUPERIOR COURT OF THE STATE OF CALIFORNIA

 9               FOR THE COUNTY OF LOS ANGELES

10                                              C340460

11  IN RE THE MATTER OF THE APPLICATION  )      CASE NO.
    OF FRANK CARLTON FERANNA,            )
12                                       )      PETITION FOR CHANGE OF
                                         )      NAME
13  FOR CHANGE OF NAME.                  )

14  ─────────────────────────────────────

15        IN CONNECTION with his application for change of name,

16  Petitioner, FRANKLIN CARLTON FERANNA, sets forth the following

17  information concerning himself, as required by Section 1276 of the

18  Code of Civil Procedure:

19        1.  Born on December 11, 1958, in San Jose, California.

20        2.  Residence:  11298 Maranda Street, North Hollywood,

21  California.

22        3.  Present name:  FRANKLIN CARLTON FERANNA.

23        4.  Proposed name:  NIKKI SIXX.

24        5.  Reason for change:  Petitioner is a performing Artist

25  and will utilize the new name in the course and scope of his

26  profession in the entertainment business.

27  / / / / /

28  / / / / /
```

Pedido de alteração de nome protocolado por Nikki Sixx na Suprema Corte do Estado da Califórnia. Nele, Franklin Carlton Feranna solicita a mudança de seu nome para Nikki Sixx em função de sua profissão de músico.

Defenda o que é seu

Capítulo 21

Quando eu era pequeno, não sabia o nome do sentimento. Uma combinação de reverência, curiosidade e aventura. Em Lake Tahoe, eu estava sempre explorando os arredores. Cavava um buraco debaixo de uma árvore caída. Cobria com uma lona. Cobria a lona com galhos, folhas e o que mais encontrasse (até terra) para proteger o local secreto. Aí a diversão começava de verdade: entrava no esconderijo – se tivesse um amigo junto, melhor ainda. Sonhávamos acordados, nos perdíamos. Ao pôr do sol, voltávamos correndo em nossas bicicletas, que imaginávamos como Harley-Davidsons.

Acho que eu sonho acordado desde que me conheço por gente. E, ao longo de todo esse tempo, sempre botei esses devaneios no papel. Primeiro, eram dezenas, depois centenas, depois milhares deles.

Escrever canções é a mesma coisa. Uma forma de exploração. De me perder. Criatividade, novas ideias e colaboração: para mim, essas são as coisas mais eletrizantes.

Quando era criança, eu assobiava minhas próprias melodias em cima de músicas que ouvia no rádio (e, mais tarde, nos discos de vinil). Mais velho, passei a tocar junto no baixo ou na guitarra. Mas nunca fui bom em aprender as músicas dos outros. Quando chegava na metade, já estava escrevendo a minha própria música.

Eu não dei um nome para isso na época. Não pensava nisso como composição. Era mais parecido com um desejo profundo de viajar. E, com certeza, houve alguns obstáculos pelo caminho. Pode não haver mapa, mas definitivamente há bloqueios na estrada da criatividade. Existe um crítico que mora na cabeça de todos nós. Minha missão é não frear nem – pior – deixar esse crítico me impedir de criar.

É isso que é fluxo de consciência. Pense o quanto quiser, mas não pense enquanto estiver criando.

Pensar e fazer são coisas opostas.

Somos todos diferentes, e somos todos prisioneiros da nossa própria cabeça. Porém, uma coisa que me fascina é o jeito que cada pessoa tem de colocar as próprias ideias para *fora* da cabeça. É aí que a colaboração pode ser muito útil – ter um amigo em seu esconderijo. É difícil saber quando a inspiração vai bater e o que vai acender a fagulha dela, mas a colaboração pode dobrar as suas chances.

Eis alguns outros truques que uso sempre que junta muita lama nos meus pneus:

- A opinião dos outros em relação ao que você está criando não é problema seu. Correr atrás de tendências ou mesmo segui-las é um veneno mortífero – não só para o processo como também para o resultado.
- Keith Richards sai por aí com uma guitarra. Está sempre tocando, e acho isso admirável. Só não é o meu negócio. Meu negócio é passar muito tempo esperando. Mas me mantenho em forma, pratico, leio e escrevo. Tento me manter flexível. Aprendi ao longo dos anos que, quando as ideias vêm, elas vêm de uma vez, numa avalanche. É melhor você estar pronto.
- Quando a letra, o poema ou a ideia para uma canção aparece, preciso de um lugar tranquilo para onde possa ir. Sempre me sento no chão. Alguma coisa no ato de me sentar de pernas cruzadas, debruçado sobre um de meus cadernos, me ajuda a me conectar. Acho que se pode dizer que é um aterramento.

Defenda o que é seu

Na maior parte das vezes, faço um círculo de livros – livros aleatórios – ao meu redor. Já me disseram que parece que estou invocando espíritos. Talvez eu esteja. O que quer que seja, parece funcionar.

- Muitas das minhas canções não têm rima. Não exatamente. Só deixo fluir. Já cheguei a escrever quatro páginas inteiras de letras sem parar para tomar fôlego.

- Quando eu travo, pego o livro mais próximo de mim no círculo, abro numa página aleatória e aponto para uma frase aleatória. A regra é que preciso usar uma das palavras dessa frase.

Não é uma regra escrita em pedra. Sempre se pode cortar a palavra depois. Ou até cortar o verso inteiro. Cortar é tão importante quanto construir. Depois que a palavra serviu seu propósito, tudo bem descartá-la. O importante é seguir em frente.

Tente você mesmo. O que percebo é que isso me impede de pensar sobre o obstáculo à minha frente, me recoloca no percurso. Meu coração começa a acelerar e eu me sinto como se estivesse prestes a descobrir algum segredo, algum tesouro – e, de verdade, às vezes descubro. Podemos passar o dia todo falando em acordes menores e maiores, tons e mudanças de tom, mas aí estaríamos pensando, não fazendo.

- Mantenha-se relaxado. Mantenha-se aberto. Tenha um caderno sempre à mão. Se a inspiração bater, esteja pronto para parar no acostamento. Ao mesmo tempo, proteja seu espaço criativo. Não deixe o ruído entrar. Não deixe os donos da verdade, os derrotistas, os pessimistas e os inibidores entrarem. Desarme-os e livre-se deles o mais rápido possível. Cerque-se de coisas criativas: livros, pinturas, fotos, discos. Cerque-se de gente criativa.

- Sonhe grande. Não tenha medo. Aprenda a praticar o pensamento a longo prazo, e não a curto prazo, na sua vida e na sua obra. O pior que pode acontecer é você fracassar. E o melhor que pode acontecer é você fracassar *mesmo*, porque o fracasso – às vezes até mesmo na frente de uma plateia – é o que acende o seu fogo de verdade. Se todo mundo soubesse de antemão que *essas* coisas funcionam e *aquelas* não funcionam, todo mundo seria bilionário. Como estamos todos tropeçando no escuro, o mínimo que podemos fazer é ficarmos confortáveis com a tentativa e o erro.

- Não é preciso dez mil horas para dominar sua arte. É preciso uma vida inteira, e isso é o mais legal. Por acaso, você tem uma vida inteira.

- Acredite em você, mesmo quando ninguém mais acreditar. Acredite em você *principalmente* quando ninguém mais acreditar. Não tenha medo de deixar os erros para trás. Mas se, no fundo do coração, você sabe que está certo, bata o pé. Toda ideia nova ousada foi, em algum momento, vista como ameaça. Porém, se você estiver certo e defender o que é seu, o mundo vai perceber. É disso que fala "Stick to Your Guns", a música que escrevi para o Blondie: "Defenda o que é seu / O que é certo para você não é certo para todo mundo".

- Não subestime o papel da sorte. Pessoas bem-sucedidas tendem a fazer isso: resumem suas conquistas à própria inteligência, esforço, beleza ou charme. A verdade é que, em algum momento, elas provavelmente tiveram sorte – e não há motivo para se envergonhar disso. A sorte vem e vai. O truque é se manter em ótima forma para aproveitá-la quando ela vier. A grande oportunidade pode não cruzar seu caminho duas vezes. Então, quando ela de fato aparecer, não a desperdice.

- Se houvesse um mapa, ele seria mais ou menos assim. O meu mapa, pelo menos. O caminho da criatividade. E, para mim, me manter conectado espiritualmente a algo maior do que eu também é crucial. Além disso, a arrogância é o oposto do criar. Tento celebrar a vida e permanecer humilde.

Defenda o que é seu

A história que contei nestas páginas termina em 9 de dezembro de 1980. Foi o dia em que mudei legalmente o meu nome para Nikki Sixx. Dois dias depois, fiz 22 anos. Algumas semanas depois, no dia 17 de janeiro, o Mötley Crüe foi oficialmente formado. Alguns meses depois, em 24 de abril de 1981 – uma sexta-feira –, o Mötley Crüe deu seu primeiro show. Onde? No Starwood, é claro.

Depois disso, o clube foi ladeira abaixo. Eddie Nash e John Holmes se envolveram nos assassinatos de Wonderland – também conhecidos como os assassinatos dos "Quatro no Chão", embora eu tenha ouvido falar que havia tanto sangue nas paredes e no teto quanto no chão. Se você assistiu aos filmes *Crimes em Wonderland*, com Val Kilmer, e *Boogie Nights*, já sabe que é uma baita história. Se ainda não assistiu, vá em frente – e tire um tempo para dar um Google no caso. Você vai ver quanta sorte tivemos em nos afastar de Eddie Nash e de seus capangas naquele dia.

O Mötley Crüe já saiu monstruoso da jaula. Em pouco tempo, éramos *headliners* na Sunset Strip. Éramos a melhor e maior banda do circuito dos clubes e, mais uma vez, convenci o tio Don a nos ver tocar.

Mais uma vez, o tio Don recusou a minha banda.

Anos mais tarde, depois de já termos vendido dezenas de milhões de discos e tocado no mundo todo, Don me disse: "Não contratar o Mötley Crüe foi o maior erro profissional que já cometi". Porém, na época, isso só me levou a dobrar meus esforços. Gravamos nosso primeiro álbum naquele ano e, inspirados pelo manual de instruções do punk rock, criamos nosso próprio selo – Leathür Records – para distribuí-lo.

O resto é história. Ao longo de 40 anos, mantive o Mötley Crüe unido, enfrentando tempestades na indústria musical e tempestades na nossa vida. Com Allen Kovac, passei por cima da orientação do meu próprio advogado, defendi o que era meu e peitei a Elektra (gravadora que havia nos contratado) pelo controle das nossas másters. Ao contrário da grande maioria das bandas de rock, somos donos das músicas que fizemos, da primeira à última.

Quando chegou a hora de escrever meu próprio livro, tive a ideia dos *Diários da heroína*. Não é o mote mais fácil para um autor de primeira viagem. Não é o assunto mais sexy. Mas é um assunto importante. Assim, defendi o que era meu, escrevi o livro e, quando terminei, me reuni com DJ Ashba e James Michael e escrevi "Life is Beautiful" – canção que resume a sobriedade. A escuridão é estreita, mas a recuperação é larga. Foi isso o que ajudou a transformar *Diários da heroína* num best-seller.

Em seguida, caí na estrada e li minha obra para milhares de pessoas. Ficava até mais tarde em todas as sessões de autógrafos e me certificava de apertar todas as mãos, ouvir todas as histórias. Isso levava horas e mais horas, mas cada uma delas valeu a pena. E então James, DJ e eu seguimos em frente com o Sixx:A.M. Gravamos cinco álbuns de estúdio e compusemos canções que exploram temas da vida real, sentimentos e assuntos que talvez não façam parte do repertório de outras bandas de rock.

Ao mesmo tempo, Allen teve uma ideia: "Você é como o Wolfman Jack", ele me disse. "Você adora Alan Freed. Adora Jim Ladd. Por que não faz como eles?[14] A voz você já tem. Você adora contar histórias. Você pode fazer o que esses caras fizeram por você para uma nova geração de bandas de rock."

Mais uma vez, Allen estava certo: eu adorava entrar no ar e contar histórias. Nunca parei de ser um fã. Adoro tocar rock diante de um público, e essa seria outra forma de fazer isso. Um jeito de descobrir bandas novas e promissoras e também ajudá-las. Eu ti-

---

14. Wolfman Jack, nome artístico de Robert Weston Smith (1938-1995), Alan Freed (1921-1965) e Jim Ladd (n. 1948) foram célebres radialistas de rock estadunidenses. Ladd ainda está na ativa na rádio SiriusXM. (N. do T.)

Defenda o que é seu

nha um novo público cativo, então por que não o expor a músicas novas e empolgantes? Acredito muito em retribuição, em passar a mensagem adiante.

Então foi o que fiz – e por oito anos seguidos meu programa *Sixx Sense* foi o programa de rádio sindicado[15] mais bem cotado do país.

Cada um desses anos foi o máximo.

Então, depois de 16 anos de reviravoltas e um vaivém de produtores e chefes de produção, enfim conseguimos fazer nosso filme e apresentá-lo ao mundo. Isso nunca teria acontecido se tivéssemos tido medo de emputecer os mandachuvas, se tivéssemos sido intimidados por advogados, estúdios cinematográficos, gravadoras, editoras e chefes de galerias. Nunca teríamos conquistado nada.

Aposte alto. E defenda o que é seu. O que é certo para você não é certo para todo mundo.

Sou passional com isso tudo. Passional com a arte. Passional com a música. Sou completamente obcecado por fotografia. Tenho muito orgulho de meus discos de platina, é claro. Mas talvez a coisa de que eu mais tenha orgulho, depois dos meus filhos, é a câmera Leica que leva o meu nome. Sempre tive a manha das ruas, mas também sempre estive pronto e disposto a aprender com quem sabe mais do que eu. O segredo, para mim, é ficar mais ambicioso a cada empreitada. Não apenas escreva um livro; escreva uma trilha sonora para um livro. E certifique-se de que a história que você está contando ressoe e ajude gente que possa estar passando por algumas das mesmas coisas pelas quais você passou. Pense fora da caixa. E pense maior a cada projeto em que se lançar, qualquer que seja ele. É importante deixar algum tipo de marca na vida. E é igualmente importante passar o bastão.

---

15. Programa transmitido por diferentes estações, sem ser exclusivo de uma única rádio. (N. do T.)

O truque, para todos nós, é pensar grande, mas permanecer humilde, porque nunca sabemos de onde virão as novas ideias e porque as colaborações mantêm nossa mente jovem e ágil. Falando por mim, sei que não posso arremessar a bola para fora do estádio todos os dias, mas estou sempre pronto para jogar. E, sinceramente, minha média de jogadas não é ruim.

Agora, aqui no Wyoming, fico me lembrando do passado. Sentado na minha rocha, observando os alces, lembro e penso: "Uau. E se aquele moleque não tivesse embarcado naquele ônibus Greyhound? Não fosse destemido? Não tivesse cometido alguns dos erros que cometeu? Não tivesse arriscado?".

Não sei onde eu estaria hoje, mas não estaria aqui.

Certa vez, Tom me falou de uma ideia que ele teve – uma invenção –, mas que nunca chegou a patentear.

"Por que não?", perguntei.

Tom deu uma boa enrolada. Ele não tinha uma resposta satisfatória. Porém, consigo imaginar algumas possibilidades: ele não tinha educação formal o bastante; não tinha um Allen Kovac para aconselhá-lo. No entanto, ainda assim, ele me deu tanta coisa. Observar Tom trabalhar, observar a determinação e o foco dele, vê-lo cuidar de Nona e da família – foi daí que tirei minha ética de trabalho e minha atitude de nunca dizer nunca. Às vezes, na estrada, eu ficava cansado. Eu já tinha visto Tom se cansar também. Mas Tom nunca parava de se movimentar, e eu tampouco – porque parar nunca foi uma opção. Ao final da noite, há o show.

A guitarra grita. O baixo ruge. O som é como o de uma série de turbinas.

É o mesmo som que eu ouvia na minha cabeça em Twin Falls. Em Jerome. O mesmo, talvez até melhor. E meu conselho é: se debruce sobre qualquer som ou ideia que você tiver na cabeça. Nunca se sabe aonde ele vai te levar.

Defenda o que é seu

NIKKI SIXX / FRANK MARANNA

Agradecimentos

Sou grato a minha mãe e a meu pai, a Nona e Tom, a Don e Sharon e a Bob e Harlene por muito do que aconteceu nos meus primeiros 21 anos. Quero agradecer a Allen Kovac por ser meu principal mentor e me ajudar a manifestar todas as minhas ideias malucas. Obrigado a Chris Nilsson e Konstanze Louden, por serem meus agentes que pensam fora da caixa, e a Crystal Torres, Rohan Ocean e Will Mignore, da 10th Street Management.

Agradeço a Dennis Arfa e Pete Pappalardo, da Artist Group International (AGI), por manterem minha bunda na estrada.

Na Better Noise Music, gostaria de agradecer a Dan Lieblein, Steve Kline, Joe McFadden, Rose Slanic, Jackie Kajzer, Debra Stella, Dan Waite, Bryan Raisa, Tim Mclean Smith, Sean Maxson, Omar Rana, Bjorn Meyer, Victor Lang, Jimmy Harney, Amy O'Connor, Lexie Viklund, Daniel Sears, Eoin Wenger, Brittany Deeney, Ben Guzman, Sarah Waxberg, Henry Tongue, Autumn Myers e Claudia Mancino.

Obrigado a Doug Mark, da Mark Music & Media Law, PC, e a Pam Malek, da Glass Malek LLP.

Obrigado a Barry Drinkwater, Benny Lindstroem, Mike Rotondo e Katy Ables, da Global Merchandising, Ltd.

Na Hachette, gostaria de agradecer ao meu editor, Brant Rumble, que discutiu comigo ao longo do processo e algumas vezes me deixou ganhar. Valeu, Brant. Já que estamos aqui, gostaria de agradecer a toda a equipe da editora: Michelle Aielli, Michael Barrs, Caitlyn Budnick, Andreas Campomar, Michael Clark, Joelle Dieu, Sarah Falter, Amanda Kain (a diretora de arte que deu início à capa deste livro antes de sair de licença-maternidade), Richard Ljoenes (que fez o design da capa em si), Molly Morrison, Mary Ann Naples, Monica Oluwek, Laura Piasio, Megan Schindele, Mollie Weisenfeld e Sarah Wood, a diretora de arte que supervisionou a conclusão da capa.

Obrigado a Laura Ferreiro.

Obrigado a Joe Lalich por trabalhar comigo até tarde da noite no design do miolo e dos álbuns de fotos. Um legítimo vilão, pode crer.

Obrigado a Alex Abramovich por escrever este livro comigo. Por me incentivar, me ouvir, estar disposto a discutir comigo, nunca seguir o caminho do *clickbait* e, mais do que tudo, ter a determinação incansável de tornar este livro sincero em todos os aspectos. Foi uma honra.

Este livro foi a ocasião perfeita para retomar o contato com amigos e familiares queridos. A pandemia pode ter nos mantido distantes fisicamente, mas sou eternamente grato pelo tempo que Bob e Harlene despenderam ao telefone. Sou igualmente grato a Michele Amburgey, filha de Don e Sharon, por seu tempo e generosidade. E, é claro, sou grato à minha irmã Ceci, por sua boa vontade em passear pelo passado.

O livro também me deu bons motivos para reencontrar outros camaradas. Foi fantástico colocar o papo em dia com Alan Weeks, Mike "Bubba" Garcia e Susan Bond – que eu conheci como Susie Maddox – em Jerome e região. Reencontrar Rick e Linda Van Zandt, que ainda estão juntos em Seattle, e Dane Scarborough (Dane Rage), que está em Los Angeles, ainda surfa, ainda toca bateria e trabalha como inventor e empreendedor.

Agradecimentos

Agradeço a John St. John pelas risadas.

Agradeço à esposa de Lizzie, Jennifer; às duas filhas deles, Annabelle e Ariel; e à irmã de Lizzie, Susan Victoria Brandon.

Carole Garner McSweeney ouviu todos os meus sonhos de rock'n'roll, foi uma boa amiga quando precisei de uma amiga e me ajudou a mudar o meu nome. Obrigado.

Obrigado a Ramon Rodriguez, que me deu meu primeiro e velho violão.

Obrigado a Angie Diehl, que foi tão generosa em suas lembranças, fotos e livros de recortes.

Don Adkins tirou todas aquelas fotos incríveis do London. Obrigado por capturar tão bem aquela época de modo que pudéssemos revivê-la tão vividamente.

Obrigado a Ché Zuro.

Obrigado a Laurie Bell pelas informações internas sobre aquela época inocente.

Katie Kastel escavou fundo para encontrar aquela foto fantástica e inédita deste que vos fala aos 17 anos e com cara de garoto.

Obrigado, principalmente, a meus cinco filhos maravilhosos.

E, é claro, agradeço à minha fiel escudeira, minha comparsa, meu amor, minha esposa: Courtney.

HITS é a coletânea definitiva do SIXX:A.M., com 20 faixas, incluindo a nova música "The First 21", single que complementa o livro.

Inclui também mais duas faixas inéditas, "Penetrate" e "Waiting All My Life", além de novas mixes de "Talk to Me", "Skin" e da icônica "Life is Beautiful".

"The First 21" é uma nova canção do Sixx:A.M. e remete à época emocionante que todos nós vivemos, em que descobríamos a música, a nós mesmos e os nossos sonhos. É uma canção sobre amadurecimento e tem um pé bem forte nas grandes composições da década de 1970.

Disponível em CD, vinil e streaming

**COMPRE UM
·LIVRO·
doe um livro**

*Sua compra tem
um propósito.*

**Saiba mais em
www.belasletras.com.br/compre-um-doe-um**

Este livro foi composto em Adobe Caslon Pro e Quincy CF e impresso em pólen bold 70 g pela BMF Gráfica e Editora, em janeiro de 2022.